我的夏威夷

杜白羽 著

当东方遇上西方

新华出版社

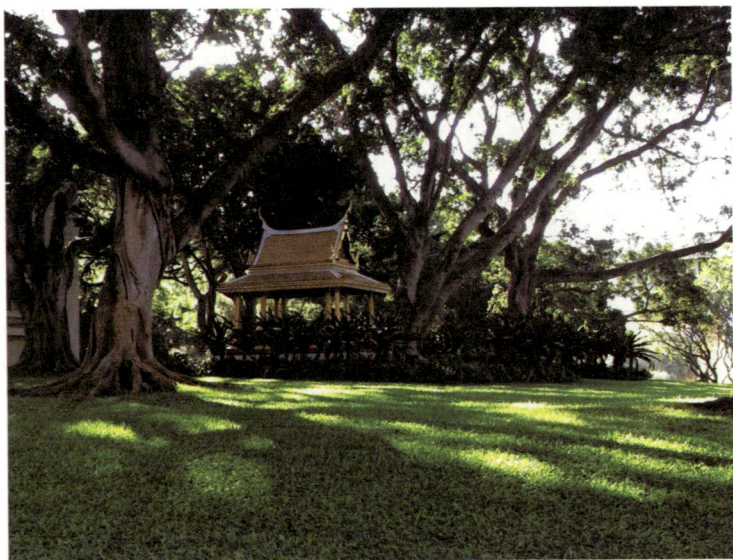

▲ 东西方中心，庭院树影

东西方文化：一条蜈蚣撕开的裂口

夏威夷，位于太平洋的中心，当东方遇到西方，多元文化交融碰撞，Aloha 文化的爱，Ohana 一家人的亲，"人人都是少数"的混血与和而不同。阳光沙滩、彩虹天堂。历史达人还会补充几个关键词：孙中山与檀香山、珍珠港、美国总统奥巴马。

Hawaii 的中文译名为什么是"夏"、"威"、"夷"三个字，在首府火奴鲁鲁生活了半年后，终于有了恰如其分的解释——四季如"夏"，军事要地之"威"的东"夷"。当中国最早一批移民漂洋过海来到这里时，大略也见识了"蛮夷之地多蔽障"的热带丛林吧。

中美历史最悠久的新闻界交流项目"帕文奖学金"，已经有 35 年的历史。每年从新华社、中国日报社等中国媒体选出 4 至 6 名英文记者，到夏威夷访学交流。2015 年 8 月，我来了。

在夏威夷大学和美国国会下属的东西方中心访学一年，每天闻书香，看彩虹，听课做讲座，仿佛在天堂里生活。度假胜地也是野生动物的乐园，校园和宿舍楼里，飞蛾巨如蝙蝠，蟑螂长翅会飞。一晚睡前，愕然发现壁虎上床，绿色小躯体把我的床当作舒适的家，小拇指大小的 baby 壁虎，是为了替我消灭蚊子吗？从此有了睡前反复检查床铺的强迫症。

做梦也想不到的是，我竟然被蜈蚣袭击了！中毒后三访美国急诊，却三度复发加重，最终不得不飞回国内治疗。

12 月的一天，晚饭后我在夏威夷大学校园散步。图书馆林荫道上，猝不及防，我的脚背感到一阵刺痛，抬脚一看，一坨黑乎乎的虫子正趴在脚面上。"啊！"我疼得叫出声来，用力甩腿、跺脚，脚面瞬间麻痹刺痛。

一瘸一拐走向宿舍楼的五分钟，毒液扩散，从小腿麻痹到大腿。东西方中心宿舍前台的值班阿姨看我受伤，关心地问我是否需要救护车。"叫救护车还是出租车？不过救护车会很贵"（多贵？后来才知道至少一千美金）。她在纸条上写下附近两家医院递给我，嘱咐我拿好护照、医疗卡和钱包。

　　乘出租车来到最近一家医院（很久以后才知道，这家医院正是奥巴马出生的医院），护士把我领进病房坐下，给我一个冰袋。等了十几分钟，一位瘦瘦的光头男医生走近来，看了一眼我的脚伤，悠悠地说："给你吃片止疼药，12 个小时后会不痛，24 小时以后消红消肿。"我问他："有多大把握定是蜈蚣？你经常接蜈蚣咬伤的急诊吗？"医生依然悠悠地说："99% 的可能性是蜈蚣；我一个月 12 个班次，平均每个月能见一例"。

原来在夏威夷被蜈蚣咬伤并不算太罕见。

"至于会不会感染，要再观察了。感染比例很低，千分之一吧，"医生说完就消失了。等了十几分钟，又进来一护士，一手药片，一手纸笔，吃药前让我签字。"吃完之后四小时，如果还疼，就去药店买药继续吃。"

然后，就没有然后了。伤口未做任何清理，看病三分钟，等待半小时。

我问，看病多少钱？接诊护士回答说："我们也不知道。以后会给你寄账单。明天记得电话告诉我们你的医保账号。"打车回学校路上去 longs drugs 药店买药。然而美国医药严格分家，最近的药店和医院车程 8 分钟，打车费 15 美金。而我在药店千等万等拿到的处方药，只有 5 粒止疼片。

回家后，我在微信朋友圈发了一条状态，脚伤引来各地的朋友关心留言。朋友圈"会诊"意见大致分为两派。中医偏方派说："可以每天用肥皂水浸泡下脚，中和一下酸中毒"；"一般蜈蚣咬人不会太厉害，小说里都是骗人的。不用太担心，毒素不过敏就没事"。同事好友查出偏方私信我说：用碱性肥皂水、碘酒酒精消毒，用拔火罐、吸奶器吸出毒液，有蛇药的话，温开水化开抹在伤口上，或用泡开的冷茶叶（碱性）敷上……

西医吐槽派说："上次在澳大利亚，上吐下泻胆汁都快吐出来了，到医院急诊，也要等到第二天早上才排到，等到时已经好了"、"又差又贵，绝对病不起啊"、"回社会主义祖国吧"、"美帝人民果然生活在水深火热之中"……

伤口不做处理，简单粗暴地处理为吃止疼片，不交代运动禁忌和吃药饮食注意事项，比起中医治疗讲究的酸碱中和、排毒、卧床休养，美国医生可谓庸医误诊。我的脚伤不幸两度复发加重，不得不又去了两次急诊。

但脚丫不但没好，反而一步步加重，红肿瘙痒肿似猪蹄。

后来，不得不坐着轮椅，一瘸一拐，"打飞的"回国治疗。从北京转机到家，住院输液五天，局部敷中药，红肿渐消，一周后走路依然发麻。医生说色素沉淀、皮肤消淤更新需一两个月，完全恢复仍需数月。

病床上，我写下了《亲历：我在美国被蜈蚣咬伤之后》发表后，被瞭望周刊、新华国际、人民网、观察者网等媒体以《美国看病血泪史》为题广泛转载，引发了网民对中美医疗体系差异的激烈探讨。网民评论说，"外国的月亮不都圆"、"一条蜈蚣引发的深度好文"。

在夏威夷，经历了许多个"第一次"，第一次高空跳伞，第一次冲浪和潜水，第一次看到银河，还有第一次被蜈蚣咬伤。这些经历，成为我人生的一部分，更丰富了对跨文化交流的理解。以国际新闻记者的眼光来观察夏威夷的人文社会，放空心境，回归自然，写下访学中遇到的人和事，发掘崭新的自己。

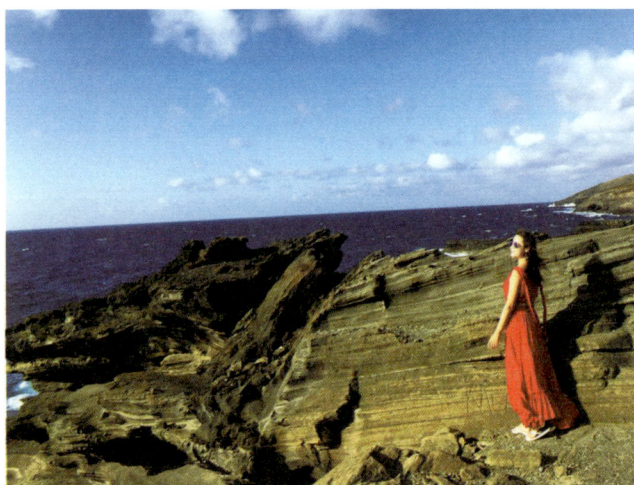

目录

/

自序

东西方文化：一条蜈蚣撕开的裂口

PART 4 肆 彩虹天堂

PART 1

壹
当东方遇上西方

01 /
夏威夷是美国的?

美国人来到夏威夷竟然会有"文化冲击"(cultural shock)。一个让美国本土人感到"诡异(weird)"的地方,美国本土人飞到夏威夷,看到这么多亚裔面孔,深深怀疑"这怎么是美国","感觉到了国外"。

一则真人真事。朋友的朋友从纽约飞到火奴鲁鲁开会,早高峰路况略堵,他看到一个本地出租车司机做了个什么手势,还摇摇晃晃。这位城里来的纽约客整个人都不好了,以为对方挑衅下一秒就是摔车门干架。

其实不然。要知道,夏威夷司机伸出的一定不是中指,而是沙卡(Shaka sign)手势。和中国人表示数字"六"的手势一样,沙卡是夏威夷人互相打招呼示好的手势,正反摇晃两下的肢体语言,传递着"你好"、"再见"、"祝你好运",在冲浪文化和南美巴西等地十分流行,当然也是夏威夷集体照和自拍的招牌 Pose。

有了夏威夷，美国多了许多东方元素和亚太基因。不同于欧美人习以为常的"个人主义"和征服自然的逻辑，夏威夷文化偏向于亚洲的集体主义，强调"共同体"、人与自然和谐相处。夏威夷大学副校长东方睿德（Rasenbrock Reed）说："夏威夷，理论上是美国的，但文化上是亚洲的。"

在夏威夷，高调地表现自我并不受鼓励，人们试图保持低调，避免和他人发生冲突而丢面子。当地人在做自我介绍时，不强调个人取得的成就，而是表明自己所归属的群体，来自哪个岛、城镇、中学等。这也和东方文化传统更为接近。

夏威夷原住民爱山敬水，认为大自然的生灵都是平等的生命体。他们在拿植物做草药前，会用夏威夷语问候植物，并请求同意，"我可以将你摘下吗"——好似《茉莉花》中所唱，"让我来将你摘下，送给别人家"、"我有心采一朵戴，又怕来年不发芽"。夏威夷的文化基因偏东方，难怪让美国人觉得"异质"。

▲ 夏威夷历史照片

　　浩瀚的太平洋正中间"漂浮"着夏威夷群岛。它们与地球上任何一块大陆都不近，距东京 6100 千米，距斐济 5000 千米，距旧金山 3800 千米。它由 132 个漂在北太平洋上的岛组成。1898 年之前，它一直是独立王国，有着典型的波利尼西亚特色。

　　东西方中心里挂着的世界地图同中国的世界地图有着一样的维度：夏威夷处于亚欧大陆和美洲大陆中间，位于广阔太平洋的正中间。希拉里·克林顿 2011 年在东西方中心发表演讲时说："21世纪将是美国的太平洋世纪。"20 世纪，欧美以大西洋为中心看世界；21 世纪，美国以太平洋为重心"再平衡"。

奥巴马在回忆他的夏威夷童年时写道：倦怠的驻地军队和苦难的文化，看守着这条翠绿山石的海岸线。破裂的谈判、传教士带来的疾病对夏威夷土著进行的残酷征服；为了甘蔗和菠萝种植园，美国公司对富饶火山土壤的瓜分；让日本、中国和菲律宾移民从早到晚在同一片田地里弯腰工作的契约制度；战争期间对日裔美国人的扣留——这些夏威夷的近现代历史，仿佛太阳照耀下的晨雾，已经开始从大众的记忆中渐渐消失了。

夏威夷有着并不容易的历史。最早于 900 年发现并命名夏威夷的是南太平洋岛国的波利尼西亚人；1778 年英国人詹姆斯·库克船长"发现"夏威夷，将之命名为"三明治群岛"（Sanwich Islands）。

马克·吐温在成名前，曾作为美国本土第一批到夏威夷王国的记者，用书信体描述异国见闻。他于 1866 年乘船抵达"三明治岛"，停留四个月，体验了冲浪，登临了钻石头山。马克·吐温写道："我能感到木质的孤独，听到小溪的浪花，我鼻孔中挥之不去的花香，尽管花谢已 20 年……"

独立的双重标准

夏威夷王国，却被当年的美国报纸，讽刺为吃西方传教士的食人族。1820 年美国传教士到夏威夷传教，迫使原住民改变生活习俗、改信基督教；1864 年，美国南北战争，美国租借夏威夷海港；1893 年，美国海军陆战队登陆夏威夷，支援当地美国人发动政变，推翻夏威夷王国政权；1898 年，夏威夷共和国与美国合并。

1959 年，美国在夏威夷举行全民公决之后，宣布夏威夷作为美国第五十个州加入联邦。独立主义者认为在这次公决中大量美国军事相关人员也参与投票，不能完全代表土著居民的意愿，拒绝承认公决的法律效力。

在夏威夷活跃着不少争取独立的民间组织，他们不承认自己是美国人，称夏威夷王国是被美国非法推翻和吞并的。这些非暴力的独立团体，有的打算建立类似于印第安人保留地的自治区，有的要求美国政府为历史上夏威夷原住民遭受的不公正待遇进行赔偿，有的要求结束美国在夏威夷的军事存在，最激进的团体甚至要求彻底脱离美国而独立。

美国推翻夏威夷王国后的 100 年，面对日益高涨的夏威夷维护主权运动，时任美国总统比尔·克林顿于 1993 年签署道歉法案，为 1893 年 1 月 17 日推翻夏威夷王国、侵犯土著夏威夷的自决权公开道歉，承认推翻夏威夷王国的影响，并支持努力促进美国与夏威夷土著的和解。

夏威夷到底是不是美国的，美国人也有不同看法。在夏威夷大学的课堂上，政治系教授松库（Songuk）问："支持夏威夷从美国独立出去的有多少？"民调出乎意料，有过半学生举手表示支持，其中白种人占多数。教授继续发问："将自治主权还给夏威夷人，美国只保留军用基地，是否可行？"随之展开了课堂大讨论。

有学生说，夏威夷与美国本土之间密切的经济文化联系会让独立"得不偿失"。而夏威夷是美国太平洋舰队基地所在地，具有十分重要的战略意义，美国也不可能允许它独立。美国作为全球霸主，夏威夷独立运动也缺乏外部条件。

松库教授说，夏威夷要脱离美国而独立并不现实。他举例"夏威夷王国临时政府"，说曾任美军军官的夏威夷大学政治科学系博士生大卫·基阿努·萨伊，自称是"夏威夷王国代理摄政委员

▲ 夏威夷女王王宫

会主席"和"夏威夷王国代理内政部长"。他曾试图让自己领导的团体在 2000 年以"夏威夷王国"的名义，出现在海牙国际仲裁法庭上，但没能成功。

2008 年 4 月 30 日，"夏威夷王国"政府组织占据了位于檀香山市中心的夏威夷王国末代女王的住所——伊奥拉尼宫殿，要求美国联邦政府赔偿原住民的损失、撤掉驻军和要求主权独立。

我和美国朋友一起来到伊奥拉尼宫殿参观。美国记者杰夫是个长期深入从事原住民权益报道的"非典型"美国人，看着莉莉乌欧卡拉尼末代女王写的"降书"，上面写道不应为自己的人民带来血腥与杀戮。这位美国人愤愤不平，认为"这完全是非法和可耻的"。

正因为莉莉女王认为应"避免流血冲突"，反叛者的军事支持力量在兵不血刃的情况下便使女王选择了投降。步枪队占领了政府大楼，解散了皇室警卫队，并宣布成立临时政府。

杰夫说，"美国政府不会在主权问题上松口，最多只会在文化、经济上给原住民一些补偿，这么看来，美国在民族问题上的确是'双重标准'。"

每年 10 月 12 日"哥伦布"日（又称"发现者"日），属于美国联邦法定假日，夏威夷州则选择"潦草"地过，因为越来越多的州开始反思，哥伦布对美洲土著民来讲，带来的并非繁荣而是灾难。

东西方中心教育总监玛丽·哈蒙德说："在夏威夷，大家不把'哥伦布'日当回事，它既不是州立法定假日，人们也不会问候说'节日快乐'。夏威夷人在'哥伦布日'和'马丁·路德·金日'中，二者选其一，选择了庆祝主张平等的'马丁·路德·金日'。"

人人都是少数，夏威夷物语

来到夏威夷的第一观感是，说着南腔北调英语的亚裔是大多数，肤色多是各种混血，再加上日光浴造就的健康小麦色。走在街上，本地人或游客傻傻分不清楚，东亚的中日韩，南亚的印度、巴基斯坦、尼泊尔，中东的阿富汗、伊朗，新、马、泰等东南亚的亚洲面孔占到四成，而美国、新西兰、澳大利亚等白种人反倒成了少数。2010 年的数据显示，夏威夷 136 万人口中亚洲人占 38.6%，白种人占 24.7%，其中两种和两种以上的混血占到 23.6%。

"彩虹之城"的人们，在互相接纳、交融的同时，又各自保留底色，保持传统文化习俗。与早期美国本土移民经过"美国化运动"后，被迫融入民族大熔炉的情形相反，夏威夷更像是沙拉盘，各自保留本色和原味，而又多彩纷呈。

夏威夷本土的阿罗哈（Aloha）文化，迅速将外来移民融入包容友善的大家庭（Ohana）。饮食文化汇聚多国特色，日本寿司、

▲ 檀香山市区商业街

韩国烤肉、中华料理、美式快餐、夏威夷小菜噗噗（Pupu）……
公园里草坪聚会，混搭的聚餐（Potluck），让你一顿吃个遍。

　　夏威夷同时庆祝美国联邦节日和州立节日，以及各国移民的家
乡节。美国感恩节、圣诞节，中国春节，韩国中元节，日本盂兰
盆节，夏威夷土著的"卡美哈梅哈"、"卡拉卡哇"诞辰节……每
到周末，卡皮欧拉尼公园就成为人们享受阳光、休闲交友的世界
公园。

　　每年"檀香山节"，Waikiki海滨大道上，各种选美大赛的优
胜者，多重混血分不清渊源，世界人民大融合的即视感，就在眼

我的夏威夷：当东方遇上西方

▲ 呼啦舞

前。或性感或甜美的姑娘们，穿戴民族服饰，坐在敞篷车上，向游客用 Aloha 打招呼不停，沙卡沙卡手势不断。观察一下女孩子的头饰吧，那里有隐含的花语：女子头戴鲜花，右边表示未婚；左边靠近心脏，则是名花有主；头顶戴花嘛，就是缘分未定。

因为客居，所以珍惜。游人更懂得欣赏夏威夷的妩媚。夏威夷的每一个岛，每个月都有着过不完的节日。节日如岛四周环绕的太平洋海水，一波又一波来袭，被歌舞淹没，会有一种轻飘飘的幻觉：这世界，竟可以美好如此。

正如藏族将白色哈达赠送远方来客，波利尼西亚岛国文化中的

▲ 呼啦舞

花环"蕾"，也是夏威夷生活中表达欢迎、友善的物语。鲜花、珍珠、羽毛、贝壳、花果等串成各色"蕾"。花环多采用兰花、鸡蛋花、康乃馨、栀子等串成。不同的花草植物象征着夏威夷不同的地域文化和神话，芬芳的兰花，多彩的羽毛，贝壳、坚果、藤蔓、水果、糖果蕾，各有各的"蕾"语。最珍贵的"蕾"是鸟羽花环，耗时又费工的羽毛披风随着王室的消失而变得罕见。动物保护意识强的年轻人，更不愿意制作和佩戴羽毛蕾了。

关于夏威夷赤裸全身的传说，至少我是没见过。在一些岛上有名的裸体海滩上，也无缘得见。

草裙舞（又名"呼啦舞"），是夏威夷最具代表性的舞蹈，有着悠久的历史传承，其间也经过了改良。火山爆发给夏威夷土著人带来震惊，让他们心有余悸。于冥冥之中，认为他们的世界乃是火山女神所掌管。舞蹈赞颂"火山女神"佩莱，在疯狂的原始呼号中，一群脸上涂着色彩的土著人，上身裸露围着熊熊的篝火狂舞。向神表达敬意的舞蹈，男女老少都跳呼啦，男性只缠一条腰带，女性亦不着上装。第一批达到夏威夷的传教士们，被这种暴露的"服装"吓坏了，颇为性感的舞蹈动作也令他们反感，草裙舞被禁止了。1874年卡拉考阿国王执政后，恢复了传统舞蹈，但要求女性不得裸露上身。

配合呼啦舞的乐器尤克里里（Ukelele），源于葡萄牙，当年由葡萄牙移民劳工将一种介于吉他和曼陀林之间的乐器带来，手指弹法像跳蚤不停跳动，意为"跳蚤"琴，上手容易。女生学呼啦，男生学尤克里里，该是怎样的一番风情！

来到夏威夷旅游，女士配花，男士可以穿件阿罗哈衫，立即融入当地文化。夏威夷衫剪裁简约，色彩鲜艳浓郁，置身亮丽热烈的海岛风光，舒适又应景。女性的花衫有长短之分，白天穿的略短，叫"慕"（Mu），晚上穿的长衫叫"慕慕"（Mumu）。以衣服长短命名名字，也是当地人的发明。

跨国公司的"休闲周五"（Causual Friday）文化，就是源自夏威夷"阿罗哈周五"的风俗。从夏威夷传到加州，再到 20 世纪 90 年代起影响全球，"休闲周五"到来，办公室的白领可以不用再西装革履，休闲装扮准备迎接周末吧！不分老少贫富，被称为"夏威夷休闲"的"阿罗哈衫"成为在夏威夷所有场合通用的商务休闲装。

文化包容是夏威夷的名片，人们操着南腔北调的英语交流，不时还讲几句最常用的夏威夷语。比如夏威夷语对方位有着自己的理解和说法，朝山是 Mauka、向海是 Makai。在路上问路，指路人

▲ 阳光沙滩

不会告诉你东西南北，而是指向朝山或是朝海的方向。不少国家公园、旅游景点、车站地名和广告，也都使用夏威夷语。

夏威夷英语，类似于上海的洋泾浜英语，也有不少来自中国、日本、韩国、菲律宾和波多黎各等地移民的多语言元素。从 19 世纪 30 年代到 20 世纪 50 年代，地方立法将英语作为学校的官方用语，以夏威夷语为母语的人数逐年减少。至 2001 年，夏威夷语母语使用者已共计少于全州人口的 0.1%。语言学家十分担心它濒危的命运。不过从 1949 年至今，夏威夷语的关注度有了很大的提升、取得了长足的发展。1984 年，一所叫语言巢（Pūnana Leo）的夏威夷语教学学校成立，类似学校也相继兴办起来。第一批毕业生已毕业，其中许多夏威夷语流畅熟练。现在英语和夏威夷语同为夏威夷的官方语言。

亲历美国医疗之"痛"

被蜈蚣咬伤后的五天里，我卧床休养基本没活动，伤势渐好，一周后能正常行走。不料第七天爬山后伤口复发，开始发痒，脚面又红又肿。

正值圣诞节，校园诊所放假关门。我只好去上次看病的急诊。护士医生均穿红戴绿，身穿红裤子的男医生瞧我的脚，说是细菌感染，需要吃抗生素消炎。"大概几天能好呢？"他回答："你让我预测未来，我可做不到。"

"不过，如果过两天加重的话，一定要再来医院。"不像中国大夫，会嘱咐几句饮食或不沾水少运动的注意事项，美国大夫只管当下。

医生开了处方药头孢氨苄，我电话叫车往 longs drugs 药店超市赶。但是美国人的圣诞节就像中国的大年初一，药店下午 3 点就提前下班了。医药分离的假期效应，是病人可能会无药可吃。

第二天一早，脚伤愈加严重，更肿了。我只好第三次打车去医院，医生这次开了药效强的克林霉素。等了15分钟后，进来一位护士说："不好意思，药还在路上，药店正在往医院送。"整个医院连一粒克林霉素都没有。又等了10分钟，护士给我送来一粒独立包装的克林霉素，看着我吃下。而剩下的处方，还需要患者去药店自取。

打车去药店买药，尽管前面没有排队，也足足等了一小时。药店打电话到保险公司确认我的医疗保险类型，核算每项我到底该承担多少费用。最后告诉我说，保险公司名称不对，团体保险号码也不对。我自付了40粒消炎药的10%（12美元）。药店人员却没有交代吃药的注意事项。

到了2016年元旦这天，交流项目的美国接待家庭邀请我去他们家里吃晚饭。陈先生（Vernon）说："你要早点告诉我，我会告诉你不要去急诊。你还去了三次急诊！一次少说也要1000美元，

▲ 圣诞夜去医院

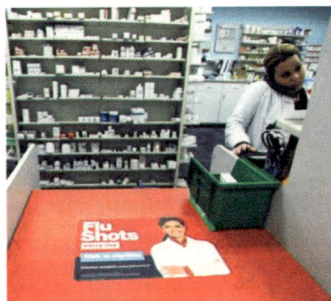

▲ 看病取药

而你们学生保险也未必会包括这类赔付。"

Vernon 算美国中产阶级了，他在檀香山市中心有整幢楼的房产。他讲述了自己的看病难经历。一次，他突然鼻子发炎，第二天起来整个脸肿了一半。家庭医生推荐他去看专业的耳鼻喉专家，"我给三个专家打电话预约，都不接收。我几乎是乞求着，给第四个医生打电话。他的护士看我可怜，网开一面，让我加塞，给安排上了。"

郑先生（Walter）的中国夫人 Pamela 点头苦笑："如果你不买保险，万一病了那就得倾家荡产；买了保险也一样病不起，除非你的保险月缴额度很大，涵盖保险范围广。我们一般也都不轻易去看医生，感冒什么的就扛着，哪疼了就吃止疼片。"

后来我才了解，美国医保体系的可靠性、公平性和普惠性，与世界第一大经济体的地位远不相配，其以私立医院和商业保险为主的医疗体系，使得政府难以控制成本、提高公平性。"有多少钱看多大病"是赤裸裸的现实。

美国医院收费高的原因，在于其医疗体系私有化、垄断化导致医药定价缺乏透明度。全美护士联合工会（NNU）公布的资料显示，美国部分医院向病患收取的费用，比实际治疗成本高出 10 倍。哈佛大学的一项研究表明，美国 78% 的个人破产，是因为付不起医疗账单。付不起医疗费的穷人，信用也将严重受损，社会生活将举步维艰。

▲ 去医院

　　先看病后寄账单的流程，至少说明美国急诊不会见死不救。但实际上这种秋后算账、缺乏透明度的方式，导致了我在不知情的情况下，第二、第三次仍去看急诊，以至付出更多的高额诊费。

　　美国没有实现全民医保，其医保模式以商业保险为主、公共医疗保障为辅。商业医保主要由雇主以团体形式购买，费用与雇员分担，覆盖人群占六成。比如我的接待家庭，每人每月缴纳 400 美元医保金（2016 年又涨了）。政府为 65 岁以上的老年人（或符合条件的 65 岁以下残疾人）提供"老年和残障健康保险"

（Medicare）；为贫困儿童和贫困家庭提供的医疗补助（Medicaid），两者覆盖人群占三成。

但商业医保强调风险控制和赢利，医疗收费持续上涨，保险公司或增加保费，或削减保险覆盖内容，增加自费项目。Vernon 说，"我的家庭医生加入了一个 VIP 计划，这意味着，我要多掏 1800 美元的会费，才能继续找他看病。我目前还在犹豫要不要找他。"

看病难，看病贵，还耽误了

被蜈蚣咬伤，吃药卧床休息到第十天，按照医生建议用冰敷，却不见好转。伤口依然红肿，越发大面积发热刺痒，瘙痒面积扩展到左脚脚踝以上，疹子起得像鸡皮疙瘩。

爸妈在国内找了六七家专家门诊，拿手机拍的图片给专家看，结论不一，一半说是丹毒，需注射青霉素两周，必须抓紧治疗；一半说不一定，需要见病人才能确诊。他们希望我回国治疗，一来国内医生不会不当回事而误诊；二来我行动不便，一人在外连买菜做饭都成问题；三来按照一次急诊千元的收费，国际机票算下来未必比留在美国看病的医药费贵。综合考虑后，我迅速向单位和学校请假，买了第二天的回国机票。

发微信状态向在夏威夷的朋友告别。强大的朋友圈又一次给了我莫大温暖，关心、建议、吐槽分享，近两百条回复。"美国验个血也要一周才出结果，一年后才收到账单"、"赶快回国吧，上次李冰冰在澳洲就这样"、"美帝看病冤死，急诊更坑。只知道开止疼片，看个感冒一千多美金，医生就让多喝水"、"美国大夫才不敢开青霉素注射呢"、"那些护士见了咱亚洲人的细血管，直接疯掉"……

一位朋友转发了其同事曾经的遭遇：弟弟一家在美国，前几年弟妹患胆结石，本想回国做手术，可突发胆管堵塞不得已在美国手术。手术中由微创改为剖腹长达两个小时，术后竟然感染了，医院根本不管治疗，只告诉他们每天消毒、换药。于是弟弟一个音乐教授成了家庭护士，学会了给家人清洗伤口、换药。

同学说他钓鱼时划破手，在夏威夷一家公立医院急症室给手背伤口缝了一针，打了针破伤风，等了两个小时，最后医院收费 2500 多美金，半年后，医院又寄来 600 多美金的账单，说急诊室的医生不属于医院的员工……更多在美就医的悲惨经历，坚定了我回国治疗决定的正确。

打飞的回国输液

2016 年 1 月 6 日清晨五点半，北京零下 8 摄氏度，我披着棉被，最后一个被搀扶着走下飞机，坐上轮椅，凛冽空气中吸到一丝熟悉的霾，心如石头落地。回想 12 小时前，还在夏威夷过夏天。

2016 年的北京冬晨，黄白蓝色的天际，从黎明到清晨。阳光射入候机大厅，金黄色的朝霞耀眼，亲切熟悉。一对情侣在我身边坐下，咖啡飘香，暖暖爱意。

从北京转机到家，父母联系好医院，直奔医院做检查，验血一小时出结果：血象正常，判断不是丹毒。但我当晚就多处发起红疹子，浑身过敏。医生判断是由于伤口发炎引起的过敏症状。住院输液五天、局部敷中药，红肿渐消，一周后走路依然发麻，变成"小瘸子"。但医生说色素沉淀、皮肤消淤更新需一两个月，完全恢复仍需数月。

"大病小治"和"急病慢治"

我"中奖"成为蜈蚣咬伤千分之一的感染者，明显是在美国被耽误了。伤口未经处理，被简单粗暴地处理为吃止疼片，不交代运动禁忌和吃药饮食，比起中医治疗讲究的酸碱中和、排毒、卧床休养，美国医生可谓庸医误诊，"大病小治"，落得伤口一步步加重，又一次次被耽误。

除了"大病小治"，美国医疗显然还"急病慢治"。预约制只方便了那些有家庭医生的参保人，但病来如山倒，患者在忍受病痛时，还要挨个打电话去医院预约排队。急诊就更难以忍受，动辄上千美元的"挂号费"，让中产阶级也望而却步。那么医疗费多少？医生医院当时也都不知道。只有事后才会给你寄账单。三登急诊宝殿，是我为对美国医疗系统无知而交的学费。

尽管美国的医疗技术、医护素质，资源和水平世界领先，但并未转化为医疗系统的高效和公民的健康，美国人均寿命仅居世界第37位。世界卫生组织的调查显示，在被调查的191个国家中，美国国民总体健康水平排名第72位，医疗筹资分配的公平性排名第55位。

我向在美国做医疗咨询的宋婉女士求教。她本科在中国、研究生在美国读医学，对中美医疗体系的异同颇有发言权。对于"急诊不治病，只开止疼片"，"为何化验血需一周才出结果"，"看病难，找专家预约要排到三个月以后了"等说法，我请教她的看法，并欢迎为美国辩护。

宋婉说，首先，急诊不是最优选择，的确是"救急不治病"。建议上所买医保套餐官网查询附近的家庭医生，紧急情况下可去看 Urgent Care，接受医保，但便宜很多。其次，美国验血并非都需要一周才出结果，医院会看病症的轻重缓急，快的也可一天内出结果。

宋婉说，中美医疗体系特点不同、理念也不同，是两个不同的制度和架构，这个话题很大。美国实行分诊原则，医生专业化水平高，收费也高。而美国的医患比例远不比中国紧张。相比中国医生一上午看十几个甚至几十个病人，美国医生一上午平均最多看三四个病人。

她告诉我，医保公司的网站可以找到需要支付很少费用（通常几十美金）的家庭医生。家庭医生也称全科医生，他们起到"看门人"的角色，全科医生看不了的病，才会推荐给专科医生，这时"保险"的门才打开，因为专科医生更贵，保险公司赔付额度更大。

对于预约制，宋婉说，病人要想找名医看病，预约确实要等上三五个月，但病人还可以有其他选择，比如选择更便宜的医生。说白了，还是"有多少钱看多大病"。美国医疗的行政系统复杂，也颇为官僚化，医院和医生的收费分开。且赔付系统难缠，与这个行政系统打交道，需要很多协调，我们很多时候是"败在了外围"。

总算听明白了，但也糊涂了，病人需要治疗，这本来是两点一线的距离，但是在美国，却要穿过复杂的医疗机制线路图。

最后的账单

故事还没有结束。

自那以后，我每个月都会收到来自保险公司和第三方医疗收费机构寄来的账单。学校给我们买的保险便宜，保险公司算出来的责任，仅赔付不到百分之一。在同事建议下，我多次联系医院，了解到医院有对经济困难人群给予减免的支持项目。我于是向帕文项目主管、传播学院的加藤教授说明情况，请他出具一份证明，说明我在美国只是访学，没工作也没收入，支付不起近四千美金的医药费。

等啊等，终于，在我学习临近结束已经收拾行李打包准备回国的前一周，收到了医院的邮件，这次不再是催促交钱的账单，而是写着"鉴于你的情况，我医院决定对你减免医疗收费，减免额度为100%"的免单。

又是一场意料之外。没想到医院会如此慷慨。之前对于美国医疗体系所有的吐槽和抱怨，终于在最后有了一个令人宽慰的结果。说美国医疗体系复杂难缠，却也第一次做了一回被保护的弱势群体。

03/
美国二战老兵的眼泪

珍珠港，唯一被命名为美国国家历史地标的美海军基地，成为世界上唯一可以在同一地点感受战争开始与结束的地方。2015 年 9 月 2 日，我受邀参加二战胜利 70 周年纪念活动。

这里陈列着两艘历史名舰，分别代表美国加入二战战事的开始与结束。1941 年 12 月 7 日，"亚利桑那号"在日本突袭珍珠港事件中沉没，美国宣布参战；1945 年 9 月 2 日，"密苏里号"成为盟军在东京湾接受日本签署无条件投降书的受降舰，后于 1999 年起停泊珍珠港，成为供人们凭吊历史和珍视和平的纪念馆。

上午 9 时 02 分，70 年前，日本投降仪式开始的时刻。70 年后，美方邀请包括中国、日本等国的各界人士，在"密苏里号"上庆祝战争胜利。11 位"密苏里号"战舰老兵和 12 位参加过二战的美国老兵，在家人的陪伴下，从美国本土各地飞回珍珠港，重返当年战斗过的甲板再聚首，纪念胜利与和平。他们当中，年轻者当年入伍时还不到 20 岁，70 年后已步入银发苍苍的耄耋之年。

▲和二战老兵

▲ 老兵敬礼

▲ 老战友重逢

"'密苏里号'象征着二战结束,也是我新生活的开始,"菲利普·康尼从钱包中拿出一张红色的"投降见证卡"——只有70年前日本投降时在"密苏里号"上服役的士兵才有的历史见证书。

"我一直随身带着这张卡片,它记录了一段我无法忘记的历史,我希望人类再也不会有类似的经历。"菲利普说。再过两天就是他的90岁生日,70年前,他在"密苏里号"上庆祝了自己的生日,第二天举办了婚礼。

纪念仪式上,特别播放了日本签署无条件投降书的影像资料,带人们回顾了当年战争结束之际的珍贵镜头。91岁的罗伯特·沃茨(Robert Wurtz),特地穿上当时的海军军装。他16岁入伍,在美国海军服役30年。"您穿着当年的制服,重回当年战斗过的军舰,心情如何?"记者的一句话,竟让老罗伯特凝噎。

"天哪,回想(当年),实在太难了。"老人抑制不住哽咽,他缓了许久才得以继续开口,"70年前在舰上服役时,我还是个小伙子,当时还不完全理解二战结束的深刻意义……那一刻,对我来说越来越重要……"

"密苏里号"战列舰,比泰坦尼克还要大,舰身高达20层,全长约270米。经历了二战中的硫磺岛海战和冲绳岛海战,以及朝鲜战争和1991年的波斯湾战争,在1992年3月退役。至今仍保留着服役期间的各个场景。在甲板上,近距离观看大口径炮,下到船员们的宿舍和食堂来。走进驾驶室,坐上船长的椅子……

当年在"密苏里号"服役的雷·莫尔斯几度哽咽。"我见证了二战,看到很多善良的人在战争中去世。你要知道,回忆战争是艰难的,我们从战争中走出来,应该更珍惜和平。"

在这些老兵中,还有一些是日裔美国人,看似日本人躯体,实则美国人精神。我问一位胸前戴着"老兵"铭牌的老人,他清晰有力地告诉我:"我是美国人,还参加过朝鲜战争和越南战争。"

珍珠港事件后,日裔美国人受到歧视,对美国的忠诚也备受质疑。1943年,美国联邦政府同意组建一支日本作战部队远赴欧洲作战,他们作战英勇,成为美国军方历史上获得勋章最多的部队。罗斯福总统在战争结束时称,这些战士证明了"美国精神注重的是思想与心灵,不是种族和血统"。

老兵逐渐凋零,80周年纪念日,也许将无法再现如此荣景。"密苏里号"纪念馆讲解员迈克尔(Michael)对我说,"此次纪念日来的老兵,比60年纪念活动时少了许多,他们中的很多人都表示,估计是最后一次来参加这样的纪念活动了。"

"胜利之笔"的荣耀回归

老兵、降书、签字之笔、受降舰,70年来首次结合。

"密苏里号"战舰纪念馆协会在各方协助下,将当年美国海军

上将切斯特·尼米兹代表美国政府在日本投降书上签字所使用的两支钢笔展出。这是70年来首次一同展出。

甲板上，我们同老兵一同温习这段鲜为人知的旧事。尼米兹将军当年签字的两支笔中的一支被他命名为"胜利之笔"，是他的好友、旅美华侨胡筼庄在签字仪式之前赠予他的，签字结束后，尼米兹将这支笔又回赠给胡筼庄。几经流转，这支笔现在南京博物院中收藏。

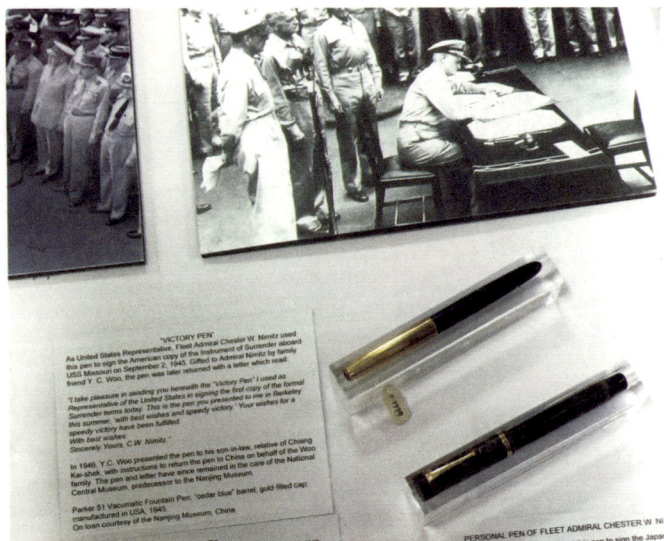

▲ "胜利之笔"

对于促成南京"胜利之笔"的荣耀回归，美方联系人迈克尔说，"中美曾是并肩战斗的兄弟，我们曾是同盟，这是一个绝佳的机会来庆祝我们共同的胜利。"迈克尔隆重推出南京博物院研究员欧阳宗俊，介绍他作为中方代表特意将"胜利之笔"带到珍珠港，在"密苏里号"上展出一周时间。

在陈列室中，这两只笔首次以历史文物的面貌，展示在世人面前。"这是我第三次来珍珠港，爷爷和爸妈每次都会带我来"，15岁的佛罗里达少年说，他爷爷从小就给他讲二战的经历，"但这是我们第一次看到这两只当年的签字笔，美国和中国在二战时，是共同打击日本的盟友。"一同展出的还有麦克阿瑟将军代表同盟国所使用的签字笔。

珍珠港事件后，美国对日宣战，太平洋战争爆发。从此中国抗日战争正式成为第二次世界大战的一部分。美国通过滇缅公路和"驼峰航线"从缅甸、印度向中国运送了大批作战物资，支援中国抗战。

陈列室里，人们驻足浏览当年的历史图片。我看到"胜利之笔"旁写着尼米兹将军对胡筠庄的回信："今夏在伯克利时，你赠予此笔，预祝我旗开得胜，你的祝福已实现，我以美国代表的身份，用此胜利之笔，正式在受降仪式上签字，深感荣幸地将此笔回赠于你。——真挚的祝福，尼米兹敬上。"

对于美方精心安排两只笔并列展出，中国驻美国大使馆公使李克新说，"其象征意义是很明显的，即中美可以相互并肩战斗，可以相互携手，在更广泛的领域里加强合作。"牢记历史才能开创未来。新形势下，中美两国在维护世界和平、共同应对全球安全挑战等方面有更广阔的合作空间。

当年，日本军国主义发动的侵略战争给中国、美国和亚洲其他受害国人民带来深重灾难，给全人类的和平与发展事业带来空前的浩劫。中美两国为抗击日本军国主义侵略者、为世界反法西斯战争的胜利，付出了重大牺牲，作出了巨大贡献。

李克新说，"胜利之笔"不远万里从中国再次回到"密苏里号"战舰展出，相信这有助于世人更好地铭记历史、不忘牺牲。我们应珍惜先辈用鲜血和生命换来的和平与幸福，共同维护二战胜利成果和国际公平正义。

珍珠港事件后，美军控制了各岛，全面戒严，在桑德岛（Sand Island）建立了日裔美国人拘留中心，在岛中部建造了俘虏收容所。直到1998年，美国才对这些破坏公民权利的不正当的做法道歉。

美海军上将斯科特·斯威夫特说，"我们回顾历史庆祝胜利，不是为了报复，而是让大家记得，我们在二战中的共同损失，超越了当时的所得。我们应该确保从灰烬中生衍出的繁荣延续至未来。二战士兵的牺牲和勇敢，不仅确保了70年前的世界和平，更开启了国际合作与伙伴关系的新时代。"

美国和日本能够在战后迅速化敌为友，成为美国人和日本人最"骄傲"的不计前嫌的当代史，究其原因，多半要"归功于"投降后的日本由美国实行单独占领。对日本败降的处置，主要由美国控制完成，实际由麦克阿瑟一手操作。他成功使日本从封建军国主义走向现代民主主义，在造就战后新日本的同时，致力于把日本建成"反共堤坝"。"冷战"开始后，在对日本的占领和管制中，美国采取两面政策，打击限制的同时，又部分保护日本军国主义势力，为日本成为美国的附庸工具埋下"伏笔"，也成为时至今日，日本右倾军国主义死灰复燃的败笔。

04 / 七十年，重返珍珠港

太平洋上的珍珠港，因盛产优质珍珠而得名，是夏威夷最大的天然港口。开车从檀香山市区一路向西走，半小时顺畅车程，不经意间，天际彩虹抬头即见，隐约若现的双彩虹，不时伴你走一段。

看到白色圆球型的硕大"珍珠"，就可以停车了。这一军事雷达设施，如一颗平静安详的珍珠。你来到了珍珠港。

珍珠港的天，和瓦胡岛别处一样湛蓝，战火烟云的痕迹遥不可觅。空气浸满鸡蛋树的花香，嗅不到一丝特殊历史地理标赋予的凝重沉郁气息。各国游客来此寻访历史：从美国本土来的家庭，中国旅行团，夏威夷原住民学生，还有黑人运动员代表团。不似Waikiki 沙滩，来这里的日本人很少。这是日本不愿凭吊的战场，虽说赢了珍珠港一役，却注定了失败结局。

访学期间，我三次来到珍珠港：一次随观览船深入珍珠港口，

The objective of day to day tra
was to fit man and plane toge
until each fighter pilot knew a
understood his craft and coul
it through the paces as a jocke
manages his racehorse.

Commander Mitsuo Fuchida, Akagi Air Group, Imperial Japanese Navy

o's fighter unit poses on *Zuikaku*'s flight deck, December 6, 1941.

▲ 珍珠港纪念馆展览

▲ 密苏里战舰

登上全舰覆没的"亚利桑那号"，一次参观展览馆、深入"珍珠港复仇号"鲍芬潜艇，一次在接受日本战败投降的"密苏里号"甲板上，和当年服役的老兵庆祝二战胜利 70 周年。

历史重现

在遗迹公园里远眺，可以看见港湾右侧白色的"亚利桑那号"纪念馆、远方的"密苏里号"日本受降战舰。

平静港湾与日本野心，嘣嘣嘣，在一个慵怠悠闲的星期天清晨，日军一波未平、一波又袭，面向全瓦胡岛的空中轰炸，炸毁了美国太平洋舰队，炸出美国按捺已久的怒气。太平洋战争从此爆发。

一段时长二十分钟的纪实影片，重现了当年日本偷袭珍珠港的历史烟云。从历史的沉船中打捞起回忆，感官追随今日的平静而动，当年场景逐一再现。1941 年 12 月 7 日清晨，日军从 6 艘航空母舰上起飞的第一攻击波 183 架飞机，穿云破雾，迎着旭日，扑向珍珠港。7 时 53 分，发回"虎、虎、虎"的信号，报告奇袭成功。正在舰上升国旗的美军军乐队，被头上丢下的炸弹惊醒。海军发出"珍珠港受空袭，这不是演习！"的警告。

8∶54，第二攻击波的 168 架飞机发动攻击。仓促应战的美军损失惨重，8 艘战列舰中，4 艘被击沉，一艘搁浅，其余受重创；

6 艘巡洋舰和 3 艘驱逐舰被击伤，188 架飞机被击毁，数千官兵伤亡。而日军只损失了 29 架飞机，55 名飞行员以及 2 艘潜艇。

1941 年 12 月 7 日，成为美国的"国耻日"。美国广播电台反复广播："珍珠港遭到偷袭！"美国总统罗斯福大声疾呼："必须记住这个奇耻大辱的日子！"

原本意见不齐的美国国内立刻全体动员，举国上下团结一致，激发了美国几代人的爱国热情。珍珠港事件后，美国雄厚的工业和服务经济投入二战，此后盟军的胜利和美国在国际政治上的支配性地位都是由此及彼的。

多媒体展示馆里，展示了二战史料、战舰规模和历史照片，分别讲述了日本和美国在战前的社会、经济和民生。日本飞行队队员照片上写着一行字：精心策划和精密实施，像驯马师驾驭马一样，熟练操控。

"美日对彼此都认识不清。都想理解对方的意图，都想要军事行动前有预告，通过合法和间谍的方式收集情报。"

夏威夷东望美国西海岸，西望日本，西南到诸岛群，北到阿拉斯加和白令海峡，都在 2000 海里到 3500 海里之间。作为太平洋军事基地的战略要塞，夏威夷成为当年崛起中的太平洋强国美国和日本的必争之地。

二战前，夏威夷人口中有 40% 是第一代日本移民，有 13

万之众，日本妄图吞并夏威夷王国。1898 年，美国总统麦金莱（William Mckinley）签署决议，将夏威夷纳入美国版图。美国和日本在夏威夷问题上的争端，为日后美日矛盾激化并最终演化成战争埋下了隐患。

二战爆发后，日本战时经济难以为继，"南进"战略向东南亚掠夺资源以支撑对华战争，遭遇美英对其经济封锁。美国向日本禁运原油，日本扩张受到了美国限制，视美国太平洋舰队为其主要威胁。

冒险家山本五十六，提出偷袭珍珠港的设想："猛击敌主力舰队，置美国海军及美国国民于无可挽救之地，使其士气沮丧。从而占据东亚之要障，确保不败之地，以此来建设"大东亚共荣圈"……

"It's now or never"。机不可失，失不再来，"毫无胜算又非打不可"，日本迈出了自我毁灭的疯狂一步。

在日美合拍的电影《虎！虎！虎！》中，山本五十六说："我恐怕已唤醒了一个沉睡的巨人，他正怒不可遏。"

以船为棺

午后四时的海风轻柔，阴晴不定，我们乘坐美国海军组织的特

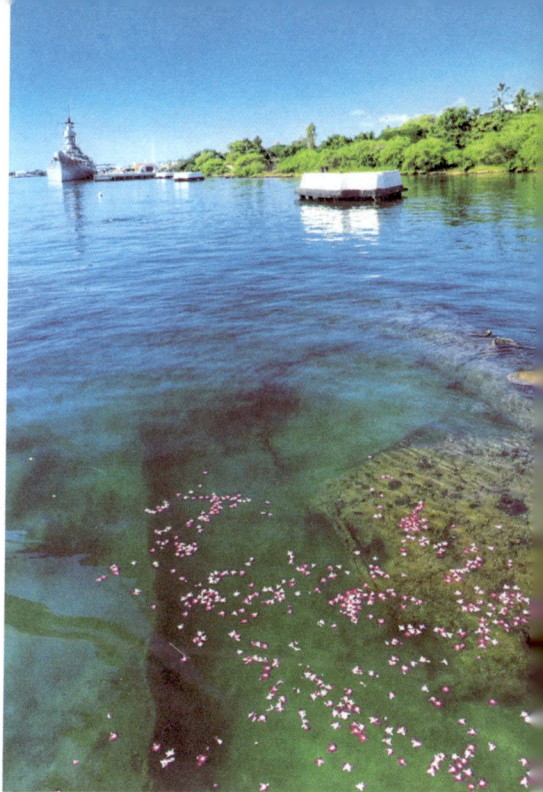

▲ 亚利桑那沉船下，油花泛起（by 曾涛）

殊游船，游览珍珠港。黑白照片里烟云滚滚褪去颜色，蓝绿海水
倒映云舞……

　　每月一次的特殊游船上，美国海军工作人员亲自讲解。珍珠
港的战前、战时和战后，如今眼前的椰树、绿地、星条旗，云朵倏
尔厚重忽又四散。一座座有着或辉煌、或沉痛遭遇的战舰。

▲ "亚利桑那号"沉船纪念馆

　　跟随讲解还原烽火连天情景。突袭当天，日军派出精锐部队，战舰、驱逐舰、巡洋舰、潜艇、飞机上的日军都是美军的两到三倍。八艘在港的战列舰，伤势不一。"亚利桑那号"沉入海底；"俄克拉荷马号"解体；"宾夕法尼亚号"后被打捞维修，加入反攻战；"马里兰号"维修改装；"西弗吉尼亚号"免于倾覆；"加利福尼亚号"参加冲绳作战。

　　"内华达号"是在港中唯一得以开动的战列舰，却被鱼雷和炸弹击中，舰首下沉。当它试图以较慢的速度开出珍珠港时，不幸被第二波袭击，爆炸。为避免沉没，"内华达号"在福特岛的西南抢滩搁浅。"亚利桑那号"爆炸后，给"田纳西号"带来燃油大火，周围的大火烧了两天。其后，进行了维修和改装后重回战场。

但战列舰在太平洋上已经失去了主角地位，战场已不再停留在表面，而和天空融为一体。海军讲解员说："从军事史的角度来看，对珍珠港的袭击标志着航空母舰取代战列舰（的地位），成为海军主力。战舰时代终结，航母时代开启。"

傍晚的珍珠港，太阳西沉在云里山间，逆光的海面银白跳跃。船停靠"亚利桑那号"纪念馆，东面的山谷，又挂上一道彩虹。人们静静走下游船，跟随海军讲解员走过浮台。这座漂浮的纪念馆，建造在战舰沉没的船体上方，是许多船员的安息之地。

"亚利桑那号"被日军直接击中，9分钟后，在巨大的爆炸中沉没。1177名船员牺牲，其中900多名葬身海底，以船为棺。

纪念馆白色镂空的剖面设计，肃穆而开阔。抬头，星条旗飘在蓝天里，下端连接在沉睡海底的"亚利桑那号"主桅杆上。海底的舰体残骸，低头可见。油油的一层，是船体每天仍会渗出的一夸脱机油。据说勘探后发现，舰体内的油还会再冒50年！油然而生的，是历史再现的即视感。

走入圣室，白色大理石纪念墙上，镌刻着在战舰上献身的1177名海军将士的名字。前来参观的游客，献上带来的花环蕾。镂空状的窗户为生命之树形，象征着和平、和谐、复兴。人们在此缅怀，反思……

夕阳将白色染上一层金光。

深入"复仇者"

第二次来珍珠港，我深入到战争中期的内部。珍珠港事件一年后，"鲍芬号"潜艇于 1942 年 12 月 7 日下水服役，被称之为"珍珠港复仇者"。

如一条巨齿獠牙斗志旺盛的鱼，"鲍芬号"是二战时期在太平洋地区参战的 288 艘美国潜艇中的一艘，成功完成了 9 次巡航任务，共击沉 44 艘敌舰，立下赫赫战功。如今作为历史地标和博物馆潜艇，代表太平洋战争中期。

买好票排队上舰参观，一摄像小哥突然冒出来，喊住我，"笑一笑，来一张"，原来还有纪念照。随自主语音导览机，深入舰艇内部，狭窄的过道和床铺、精密复杂的仪表盘、当年的船长室、电报机和鱼雷一一过眼，体验二战时潜艇上的生活。

走上甲板，通过望远镜"侦察"前方，爬上战舰炮塔做出胜利的 Pose，感受精密与战斗力的节拍。下船，在出口处被一张印有自己照片的"旧报纸"拦下，"做个纪念吧，11 美元"。原来这也是美国人的生意场。这张 1941 年 12 月 7 日电头的黑白报纸，以"瓦胡岛被袭"为头版头条，而我的照片正印在头条之下，以"鲍芬号"为背景，图片说明写着："瓦胡岛各界和游客加入到备

▲ 游人观看珍珠港历史展览馆

▲ 珍珠港历史展览馆

壹　当东方遇上西方

▲ 珍珠港事件

战中"。

"鲍芬号"潜艇博物馆内,从招募海报、战旗,到核潜艇模型、显示内部运作剖面的海神导弹等,不懂军事的我,跟着讲解耳机看得仔细,发现一张藏着故事的照片和多语种"介绍信"。

珍珠岛事件后,中学刚刚毕业的布什(老布什)应征入伍,在太平洋舰队担任鱼雷轰炸机驾驶员。1944 年 9 月,时年 20 岁的他和另外 8 人驾机前往东京以南的父岛上空执行轰炸任务,不幸被日军击落入海。

如果没有被潜艇营救,美国就不会有布什家族。

布什和其他飞行员手里拿着一份美军的友好介绍信,上面用中文写着:"大中国军民朋友公鉴:我们是美国空军,来华助仗打

▲ 重印当年的报纸

日本。请予救护并报告附近联军，美国政府定酬谢你们。——美国援华航空队"。有趣的是，同样一份介绍信上，还有日语、朝鲜语、法语、泰语、老挝语等内容略有差异的多语种版本。

当美军潜艇"长须鲸"出现在眼前时，老布什还以为自己产生了幻觉。当时他不停呕吐，头部伤口在流血，因为害怕一直在哭泣。获救后他只说了几个字："很高兴上来了。"

布什被"长须鲸"救上后，在舰里待了一个月。布什回忆深潜袭击时说，"那（舰艇在水下）比在飞机上爆炸要恐怖多了，至少在飞机里你在某种程度上掌握着命运……我感觉被困住了，比在飞机上被击中可怕得多。"

2003 年在美国出版的《飞行员》（aviator）一书披露说，除老布什一人外，其余 8 名飞行员游上岸后皆被日军俘虏，遭到毒打、"屠宰"，后被日军高级军官分吃掉。如此骇人的细节，为避免这些飞行员家人过于痛苦，此前一直作为最高机密档案封存在华盛顿。

走出博物馆，园区内还展示有真枪实弹的美军、日军装备，美军鲷鱼号潜艇的指挥塔和潜望镜，二战末期日本回天载人自杀式鱼雷，幻想可以扭转败局，然并无力回天。

远处，前来参观的小朋友攀上爬下，奔跑打闹，伸出 V 字手贴在核弹头鱼雷上照相，武器在这一秒，变得不那么冰冷。

05 /
脏鞋划定的"禁飞区"

从国内治完脚伤回夏威夷，买了最便宜的夏威夷航空，单程不到 3000 元。

凌晨一时多的航班，九点多，我们就到了机场。开车送我来的高叔叔是老爸多年的好友。高叔叔说，"看来职业对人的影响够大，正是谈婚论嫁的年龄，却总是外派，朝鲜两年多，这回来才一年，又去美国。哪有时间和机会。"其实，我远没有"剩女危机"，长辈的担忧和关切认真听完。恋爱结婚，冷暖自知。长辈们的唠叨，类似"有一种冷，叫妈妈觉得你冷"。

同老爸和高叔说再见，我慢慢挪着脚步迈入安检。不用回头也知道，老爸正在对我渐行渐远的背影秒拍。十年来，从去上海求学，到北京工作再驻外，多少次，离别的车站和空港，我已经习惯了一次次离开、归来。

边检入口，乘客们携着大包小包，排成长长的队，蜿蜒成 S

形。为了防范他人加塞，人人都紧紧挨着，不给别人可乘之机。这样，慢慢到了第二个拐弯处，我的前面突然"空旷"起来，两秒的疑惑后，我发现，问题出自前面的背包上。

一个黑色双肩包，一双人字拖，分开系在旅行包上，鞋底正好冲着我的脸。系得半紧，随着包主人前移，转身，人字拖左右晃荡。若是两个小玩具，小装饰，晃荡来摇摆去，倒也可爱，问题是，那是一双脏兮兮的拖鞋，鞋底又正好冲着你的脸。鞋上泥土渍渍，点缀着秽物，冲着你的脸！难怪我前面的人都走了。

我在他后面，保留出一人半的空当，既保持队形，又保持距离。一会儿来个"聪明人"，想填补空当，很快就被那双晃荡的脏鞋嘲弄了，走掉，这循环往复几次，在我和那双鞋子中间，就成了一个聪明人来了、走了，再一个聪明人来了又走了，在我与他的空档间，展开了一个个聪明人自讨无趣的接力赛。

我不得不注意观察前面挂着拖鞋的人了。一个外国人，我想最好脱离国家、民族的猜度。他的衣服和表情，类似于国内的打工族。他不修边幅的形象和背包后的一双拖鞋，倒是统一。我留意他的侧脸，平静自若。他背包上的拖鞋，人人避而远之。那么多人想见缝插针，发现、不满、逃离，不断反复，难道他真能浑然不觉？

队伍继续往前蠕动，那双拖鞋依然在我的眼前晃动。按说，他可以根据外部反应反观自己，但他没有。我猜测，或许他是

"知道的"。他清楚知道自己的行为，并且知道为什么要这样。

我心里突然笑了：他是故意把脏鞋挂上去的。他的恶作剧。脏鞋的用途，暧昧中明确，不让他人零距离地贴着自己。拉开相挤的距离，留给自己安静方寸的诡计。这老外的行为，不禁让我联想到"禁飞区"。

禁飞区，是指某一领地的上空禁止任何未经特别申请许可的飞行器，飞入或飞越的空域。他一定是个经验丰富的背包客，轻易就划定了他人的禁入界限，表面上看似邋遢不文明，实际却清享一份，众人皆挤，唯我独静。

"孩子为王"的计谋

凌晨一点多登机，又遇上中国人寻常的换位。一个中年男子，对我说，他的孩子闹着非要坐临窗的座位，能否给换个座。他在强调自己的难处，我心里不悦，小孩子闹就对了？我说，我是特意让出票的工作人员选的靠窗座位。

这时，孩子的妈妈上阵了。看来他们已经牵动了三个互不相识的乘客，包括一位老者。对方拿孩子说事，击中了人们的软肋。我看看那位小男孩，四五岁模样，没有调皮任性的样子，又看看老者，脸上写满了不快。

他们一家三口，本来是相连的中间位置，只因一个孩子，骚扰了一圈人，还那么堂而皇之。我还能怎么办呢？不好再找理由，只好接受这夫妻两人为我安排好的前排座位。

这事本来结束了，可是飞机起飞，上餐，人们吃饱喝足，纷纷去洗手间。不幸的是，我被换的位置后面就是洗手间，一会儿进一个，咣当推门，哗啦冲水。一个接一个不消停。

整整三个小时，我没能睡一会儿。如果这个位置本来就是我的，我也就认了。然而不是。我不是不能吃亏的人。但面对这家人处心积虑地只求自己舒服，并且找孩子做借口，就让人气恼了。

我睡不着，到了凌晨四点，决定维护我的权利，我起身朝机舱后面走。那个男人正站着，我说前排紧邻卫生间，来往嘈杂，三个小时没休息，请他换过去。没料到，他指着孩子很无奈地让我看：那孩子横躺在两个位置上，他说他也没地方坐。

真是父爱如山啊。

一个四五岁的孩子，完全可以抱着睡，更何况，他们一家三口，本来坐一起，孩子更容易横躺在爸妈身上。

面对孩子，人们总是替他找无数个理由给他幸福。我又心软，迟疑了。回到前面座位。犹豫片刻，我再次起身。我果敢地走过去，坚定地提出换位要求。他不能再找理由了，他叫醒他老婆，给我换了位置。我很快睡着了。

中国人爱换位，太常见。一家人被安排散了，情侣被分开的情况，我都会乐意帮忙。但前提是不要给对方带来太多麻烦，让素昧平生的人代你受过。这对夫妻，明显在打"孩子牌"，谁好意思和孩子过不去呢。但他们心里却有着早打好的如意算盘，拿孩子这张王牌，堂而皇之地损人利己。而外国人，似乎并不吃这一套。

夏航的空婶

工作几年，看问题的角度，联想的维度，思考的向度，都会带上些无意识的职业烙印。仅一次飞行，发生的这些小事，对我一个做国际新闻报道的记者来说，却总能联想到跨文化上。

一般来说，空姐多半相貌出众、气质不凡。我多次乘坐国际航班，却看到夏威夷航空最让人"颠覆"的空中小姐。长相、身材、皮肤，都太一般，不加半点修饰，就那么素面朝天、爱笑不笑的。

我先是惊诧，怎么可能呢？过道两边推来餐车，临近身边我暗中仔细打量，颜值属于中等甚至偏下，而空姐在我们的"常识"中，属于对颜值有较高要求的职业，比如礼仪队、演员等。东亚三国，中国、韩国、日本的空姐对颜值要求最高，服务态度最好，俄罗斯航空的空姐有超美的有一般的，多数不爱笑。

我在疑惑中，寻求答案。我首先想到了用工荒。这两年空难发生多起，有事故也有误打，是不是美女们担心安全，跳槽了？空姐其实挺辛苦，单程就近十个小时，加上开会、换衣，提前两个小时，整个行程要十二三个小时，美女们是不是受不了？

这个理由看起来合理，可我又还是觉得勉强。不由得又想到了第二个可能性：低调。为什么想到这里呢？夏威夷航空是美国的，空姐也是美国的，为什么独逆天而行，"冒天下之大不韪"，就因为它是美国。唯一的超级大国，还需要表现什么吗？

正像亿万富翁，它还需要展示什么名牌、豪车、洋房和美女吗？低调是最高的炫耀吗？不介意美丑，其实是一种自信的表现。不需旁人赞美颜值，人们反而会如同赞美富翁俭朴一样，将美丑一视同仁。扎克伯格始终穿一件灰色套头衫，他不需要通过衣饰展示"我是贵族"。

还有几种猜测：夏威夷人很不讲究穿着，波利尼西亚人体格健硕，女人并不以苗条为美，在美国工作中不能有各种对年龄、肤色、族裔的歧视，因而即使是在中国被认为"窗口"和"面子"的空姐，依然会经常看到大妈空婶。

此外，美国人甚至对舞蹈老师的颜值和身材亦没有要求。学校里教呼啦舞、教交谊舞的老师，都不是标准身材。若在中国，舞蹈老师是身材发福的胖子，会直接影响到职业口碑和信任度。美国社会对外貌的宽容度，明显比我们高。中国社会如今似乎流行"颜值即正义"，我们不自觉地，太多看脸。

太平洋岛国"精英"的冷漠

最宽广浩瀚的太平洋上，散落着一个个美若珍珠的天然岛，于我们似乎陌生又微不足道，分不清方位，搞不懂人种，貌似可以对话，又不知从何聊起。夏威夷，不仅是亚欧大陆和美洲大陆的地理中心，也是太平洋岛国的文化中心，接触并爱上波利尼西亚原住民本土文化，花环蕾、草裙舞。太平洋那么宽广，容得下的，不只是大国博弈的纵横。

太平洋，占地球约 46% 的水面以及约 32.5% 的总面积。太平洋上三大群岛，波利尼西亚群岛（夏威夷群岛、新西兰、复活节岛、大溪地、汤加等），以及密克罗尼西亚（马绍尔群岛、瑙鲁岛等）、美拉尼西亚群岛（所罗门群岛、斐济群岛等），气候、地理、文化相近，原住居民有着相似的相貌和肤色。

美国因其有夏威夷的亚太存在，"笼络拉拢"了大半个太平洋。东西方中心每年向来自波利尼西亚岛国、东南亚多国的年轻学者提供领导力培训，提供奖学金吸引他们来到夏威夷，用英语教学传播美国理念。培训议题包括环境保护和全球气候变暖对岛屿国家的挑战，美国由此证明"我存在，我关注，我有发言权"。

"人类的同理心和悲悯在哪里？"半夜一点半，我被闹醒。楼下还在无休止地欢歌，"太平洋岛国领导力项目"的送别狂欢会，发生在 2015 年 11 月 13 日巴黎遭遇恐怖袭击之后。

血洗巴黎的人类惨案，血肉模糊的精神冲击，远在欧洲大陆文明之都，遭受恐怖组织 ISIS 的血洗和"宣战"；在世界另一隅的孤立岛屿上，却上演着让我难受得胃痛的漠然。

地理距离虽远，但在瞬间接收信息的全球化时代，获得即时信息后，人们的生活会受到何种程度的影响？我在下午看到消息后，整个人都不好了。胃痛、浑身发冷。夏威夷进入雨季，风声雨声时断时续，愈加敏感忧伤。

而从晚上 9 点开始就在宿舍楼下草坪会客厅聚会的"太平洋岛国"的岛民精英，却依然活在他们自己的世界里。东西方中心对他们所谓"领导力"的培养，结业时就是这样对待人类命运共同体的吗？

我无法再忍受该悲伤时却疯癫的狂欢，给宿舍楼前台打电话，24 小时值班的大叔很礼貌地接电话，"请问有什么可以帮你"。前台距离他们喧闹的活动室，只有几十米。"好好，我会转达给他们的。之前和他们说过了，我再去说一遍。"心里嘀咕，难道美国没

▲ 草裙舞

有所谓"扰民"的制度规定吗？宿舍楼管不应该维持基本秩序吗？

"请您一定把我的意思转达：作为领导力项目，他们对巴黎惨案后的冷漠、深夜狂欢，很不合适。"十分钟后，楼下恢复了夜的平静。我想前台大叔转达了我"推己及人"的意见。

月光如水，凉风习习，我的内心却沉痛又愤怒。尤克里里弹出的乐曲不再悠扬，跳呼啦草裙舞的太平洋岛民不再可爱，原本在任何一天我都愿意助兴捧场的巴黎之夜里，我失眠了，想了这么多。

第二天听同样受扰的其他宿舍同学说，项目组很"巴结"他们。这又是唱的哪一出？"他们中很多都来自岛国的高层"。何谓高层？仅有的两点了解是：他们的出资方是中国台湾，去台湾学习考察的三周中还受到台湾地区领导人接见；他们讨论最多最热的话题是，全球气候变暖引起的海岸线上升对岛国带来的灭顶之灾。

我参加过他们讨论气候变化的会议，以同理心感受他们被边缘化和不被重视的诉求——我们太多关注自己的处境和利益，却连这些岛国的名字、地理位置都没基本概念，似乎也不愿多花时间去了解。我们对他们的漠然，他们对巴黎血案的漠然，反观人类对关乎他人生死的漠然，人类共同命运体的概念，屡屡受到挑战。漠然，或许是我们划清彼此界限、自私利己行为的内在缺陷。

法国作家马歇尔·埃梅（Marcel Aymé）曾说："当巴黎流泪时，全世界都为她掏出手绢。"是的，因为是巴黎，世界各角落的人都在为她伤心、哀悼。

同事朋友从法国报平安，劫后余生……巴黎在我们的记忆里，让人牵挂。而同一天发生在黎巴嫩的恐怖袭击，却没被人提起。而发生在叙利亚、伊拉克的战火纷争、流离失所，人们已日渐麻木、习以为常。反恐没有双重标准。海明威说，"如果你年轻时有幸停留巴黎，那么你的余生无论去往哪里，巴黎永远与你在一起，因为他是一席流动的盛宴"。和妈妈在埃菲尔铁塔下的留影还在，和爸爸塞纳河边散步聊天时的余温仍存。

日后再看摇曳生姿的草裙舞，心中似乎蒙上了一层阴影。

07/

老爸来美当义工

十二月，老爸来了，国内正值隆冬季节，又是雾霾，出了站的老爸穿着棉衣走进了盛夏气温的檀香山。老爸深深吸了几口气，做出陶醉状。

老爸到夏威夷的第二天，用他的话说，就被我拉去当了"义工"。

当时说是帮忙搞点会场布置，我的接待家庭陈先生和郑先生，是夏威夷美中人民友好协会的主席和前任主席，友协会在中秋节、圣诞节等节日办活动，招待华人华侨。先后来了七八位六七十岁的大爷大妈，年龄大的还有八九十岁模样的爷爷奶奶，我向爸爸逐一介绍。

不足十人就开始忙活，把墙角码得一人高的椅子，一摞摞地放到搬运车上，拉到会场中间，再一个个搬下来，按序摆好。摆了几十张后，爸爸悄悄地问我，"怎么干活的都是这些老人？这体力活，我都吃力。"

我对爸爸说："你还是中国式思维，这是美国啊。谁的事谁做，协会没有年轻人"。"可以雇呀？""就这些事，慢慢也就干完了。"

听到这儿，老爸点点头，他似乎明白了，会场内布置主席台、摆桌子、拉椅子，都是眼前这些爷爷奶奶们的事。他说，自己多干一点，老人们就少干一点。还没倒好时差的老爸，不惜力地跑前跑后，还不时调侃地小声说，"当年做知青时，那也是大伙一起。这么大的工程，咱是唯一的壮劳力。"老爸干得欢实。"上学时参加义务劳动，这二十年了，倒是在美国做起了义工！"

二百多把椅子，我们一起搬好摆正，接着布置会场。颤颤巍巍走路的 Cathy 奶奶招呼我过来，"来，把这纸巾和筷子包一套"。

七十多岁的 Randal，是前花旗银行夏威夷州分行行长，退休后每年到广外做 MBA 客座教授。我们三人一起，老爸和我将餐巾纸和筷子一对对裹好，做着最简单的机械活。

老爸说，瞧瞧这位银行家，一点架子没有，忙前忙后做义工，一个个给来这里的中国学生家属发筷子！那种自然，那种微笑，让人打心里敬佩。老爸说佩服教授的能上能下，能高能低。这在中国是难以想象的。

中国奉行孝道，孝敬老人是社会价值观。六七十岁，就成了人们心中关照的对象。至于体力活，一定是年轻人抢着干，像今天这事，老年人不是坐在一边享清福，就是指手画脚，反正不会搬桌子、拉椅子。

老爸点头说，"我看着他们老胳膊老腿，干这重活，就觉得受虐待了。"

我告诉他，夏威夷的"Aloha（阿罗哈）"和"Ohana（一家人）"文化，加上气候宜人，终年温暖，使得夏威夷的人均寿命比美国本土长3到16年。

"对他们来说，整个身体状态，其实也就六十来岁。加上美国人的家庭观念比较淡，子女一般不跟老人过，老人平常早养成了动手的习惯。"

老爸笑道，"中国是从小受锻炼，长大莫为难，美国这是平常受锻炼，到老莫为难啊。"

家的味道

在美国，吃饭既是问题又不是问题，既是对你腰包的考验，又是对你的口味的检测和修正。爸爸来之前，我就给寒假期间留守的朋友们宣传了他的厨艺，大家随之有了期待。前几天陪爸爸玩，在餐厅吃饭，他发现消费基本是国内的五六倍。比如一碗面，就是七八十块，两人两碗，加上一盘青菜，二百多元人民币。老爸说，还是来看他亲自下厨，做个可口舒心。

按照爸爸的意思，既然请朋友们吃饭，就做地道的中国菜。到超市采购，爸爸已经做好了思想准备，但还是让他吃了一惊，一把香葱，筷子粗细，七八棵束成一小把，卖 12 元；他最拿手的红烧鱼和糖醋鱼，可惜没有淡水鱼；猪肉倒便宜，同国内价钱差不多，合适他做小酥肉。买了一只烤鸡，拌好的方块生鱼（poke），牛肉土豆，西瓜。最后是酒，这又一次让爸爸意外，三瓶红酒，每瓶才 10 美金。

在国内，酒和菜的价位往往同比。甚至，酒比菜更贵。而美国的酒真心便宜。爸爸说，中国的酒文化，看来在美国不怎么管用。

在酒的销量、品牌方面，两个国家有很大的差异。在中国，酒已经不是单纯的饮品，而是延伸了赋予了它太多东西，从十几元的到几千元的价格，拉开了社会身份。酒在中国的餐桌上，像魔水似的，点燃血液，更有作为礼品来感谢朋友，通融关系。而在美国，酒更单纯为酒，是一种配餐搭配，增加情绪，各喝各的，不劝不敬。

爸爸主厨，我打下手，做了几道拿手菜，干炸里脊、小酥肉、麻婆豆腐、醋溜土豆丝、大拌菜。他一招一试，是行家里手，有大厨风范。

幽默的老爸给大家碰上第一杯，"这菜做得好的，就是我的手艺，不对口味的都是火候的错。咱们国内是天燃气，炸、炒，全在火势，你们这可好，电磁炉。有句老话，巧妇难为无米之炊，我这是大厨师难做无火之炊。"

好不好，看伸筷子的频率就知道了。一碗干炸里脊，很快清盘了，两碗小苏肉更是赞扬声中，只剩下点汤汁。朋友们来自辽宁、河北、河南、湖北、四川，真正的五湖四海，品尝着中国味道。

其实，爸爸喜欢厨艺还是因为我。像许多男人一样，爸爸本不喜欢厨房，更不喜欢买菜。我小时候瘦弱，饭量小，爸爸就找原因，最后落脚到胃口上，那就提高做饭水平吧。老爸是只要去饭店吃饭，就钻到后厨，看厨师掌勺的手艺。后来老爸做出的饭菜色、香、味俱全，堪比饭店大厨，我的胃口好起来，饭量变大了，身体也不弱了。如今我虽不是个吃货，也在多年的驻外生活中，学会了做些自己喜欢的，却远没到热爱料理的程度。

08

对一张照片的求解

一张照片，让爸爸纠结了好几天。

我们乘公交车去市区 Ala Moana 商场购物，回来时，我们坐在大巴中间。几站路后，上来一个老人。八十多岁的样子，黑灰帽子露着白发，身体瘦弱，双腿颤颤巍巍。

在这之前，我带爸爸坐过几次公交车，也见过老人站着、年轻人不让座的场景。也许是人多吧，没有突出对比，而眼前的情况就大不同了。

车头处两排在中国为"老弱病残孕"的专属坐席上，已坐满了人，右边一侧有两个十几岁的姑娘、一个中年女性，左边有三个中年人，两男一女。空荡荡的中部，唯独只有这个老人站着。没有第二个人站着，就他一人孤零零的。

他又老又弱，站不稳，身子紧紧贴着铁皮箱，抓着铁杆。他的目光向四处寻觅。似乎并不指望找到一个空位，而只是借助寻

▲ 不给老人让座

觅的样子，期望得到帮助。车厢内人们泰然，又漠然地坐着，好像完全没看到这位已经表示了求助的老人。

过了两站后，坐在车中部过道的老爸站了起来，向老人招呼一下（老爸不说英语，只做了个手势），请他过来坐。周围的人飞速投来"异样"的目光。

那位老人也没明白意思，老爸就又俯身坐了下来。爸爸扭头对我低声说，从没遇到过助人还遭冷眼的，好似自己办了件错事。我则在这瞬间，拍下了这张照片。

我们起身准备下车，老人顺着下车的人群找到了一个空座。

"太不可思议了！"老爸几乎愤怒地，边下车，边发出感慨。

循着这张照片，爸爸开始了他的求解之路。

下了车，我就告诉他，美国人对老人没有特殊照顾的概念，只对残疾人关照，车厢里贴出"请为残疾人让座"的文明用语。咱们中国有"老弱病残"专用席，美国则只特供残疾人。

我多次看到过，坐轮椅的残疾人摇着轮椅上车（车门设有方便轮椅上下的梯板），司机会特意起身帮助，将残疾人席的座位折叠后把轮椅固定好。而在超市也有残疾人购物车，社会对残疾人的考虑周全又礼让。但对老人，人们认为你只要能独立上街，就是有自理能力。所以，可以不给老人让位。

这个说法显然没有得到老爸的认可。"在咱中国,给老人让座是天经地义的事。老人一上车,听到刷老人卡,不用看,就有年轻人起身让坐。这是基本的公共道德。"

"可是,据我所知,在美国,没有尊老的观念。"

"那老人怎么办?"

"政府管,有老人公寓,社区。"

"我们说的是两回事,我说的是,一个站不稳的老人,需要年轻人让个位子,而大家都是看到的,装着没看见……"

我笑了,"装着没看见?这是你的说法,他们不用装。他们就是看见了,就是不让座。"

"可他需要呀,我不是要让座吗?看看他们齐刷刷盯着我的目光,好像做了丢人的事。"

我安慰老爸,但没有用,他是将中国的"尊老爱幼"道德观带到美国了,咬着自己的"普世价值"不放。

第二天,朋友扬带我们环岛旅行。这位有着徐静蕾般文艺气质的山东姑娘,到美国读研、读博、工作已经十几年了,算是个美国通了。

既然是美国通,爸爸认为应该得到答案。扬这样解释,在美国没有老人概念，是双向的。一是人们看到老人，没把他当成老人，另一个老人本身自己，也没有把自己当成照顾对象。"不像在中国，老人先把自己当成老人了，处处都想得到别人的关注。"

扬还举个实例来佐证，就是一老人上公车，有年轻人让座，老人反而不高兴，质问对方，我有那么老吗？

显然，爸爸还不满意。"初听上去，很有道理，但我说的是这张照片。老人与老人有区别。已经不是简单的老人，而是老弱的概念了。"

"叔叔，你这是拿中国比了，中国这方面确实好很多。"

问题是，爸爸要的是"标准答案"，是正解。平安夜那天，他又抓着了一个机会。

郑先生夫妇和陈先生，请我们吃饭。陈郑两位先生既是我们的接待家族，又分别是"夏威夷美中友好协会"的主席和前任主席。我们四个人用英语交谈。我不断地给爸爸翻译，告诉我们聊些什么。他也点头，尽量一副融入的样子。这情景，有点像我小时候，在饭局上听大人海侃，爸爸不时地俯身给我讲解一样。

饭吃过半，爸爸问我能不能再次提出"照片"之事。他们三人都是美国人，应该有个准确的答案。于是，一场深度富有戏剧性的问答开始了。

陈先生约七十岁了，说他就没把自己当成老人，不需要人让位。

"这个老人，是很弱的，站不稳，他还不断寻找空位，试图告诉别人他需要帮助"，爸爸强调，"此老人非彼老人"。

郑太太说："这算个案，你说的两个女孩，一个妇女，都看到了，不让座，是有点过分了。只能说是个案。"爸爸手里还有张牌，"我也试图这样想，问题是，对面的三个乘客怎么也不动？"

我翻译给陈先生，求解。"是啊，对面的三个中年人，也不动。没有他人遮挡视线，老弱孤零一人，怎么会看不见。"

在照片面前，此前任何说辞都显得苍白无力，荒唐诡辩。稍稍停顿，陈先生的口气变得沉重，"教育问题。"

我看看爸爸，这下满意了吧？你刨根问底，不就是想听这句话吗？只有这句话才能解释你的疑问。是教育缺失。

本来，我以为到此为止。没料到，他老人家又抛出第二个话题，其实，这是一个逻辑上的关系。一个文明程度较高的美国，为什么在此重要问题上教育缺失？老人是一个社会群体，除了政府承担主要责任，社会群体也应做出相应贡献，因为每个人都有老的一天。

这次，郑太太直接用中文说，在美国学校，没有孝敬老人的教育，它有另一套。别说公共场合，即使自己的家人，按中国的标准也是有问题的。18 岁成年后孩子可以离家，有的一辈子都不一定回来，和父母没什么关系。

老爸用自己的逻辑推出的三段式，教育层面的问题、传统层面的问题、国家层面的问题，"为自己的自私找了理由，放着爸妈不管，凭什么好意思标榜文明？"

我让他老人家消消气，不要为他的"新发现"而破坏了平安夜的祥和气氛，告诉他说，其实在翻译"孝顺"这个词时，英语的表达让很多美国人不理解其中含义，"孝顺"中译英的英语单词是"Filial Piety"，但美国人会问你，那是什么意思？

老爸以他传统的儒家思维评价说，"没有亲情，也没责任，那是给自己开脱，好让自己内心安稳。"

对这张照片刨根问题的求解，老爸得出了似乎满意又失望的答案。

09

"买面子"还买出了逻辑

一位同事来夏威夷出差，请他吃顿便饭是我应尽的地主之谊，而他认为作为男生理应主动。选好了日本便当，我说"我来"，积极去排队结账，他则让我去选饮品，从我手中"抢"过便当，排队走向收银台。

同样的中国文化背景，我俩各自态度坚决，争先恐后递上卡，前面还在结账的美国妇人看看我们，笑笑说："你打算替我也结了吗？"哈哈，好了，别让人家看笑话了，男同事在我"凌厉"的眼光中只好败下阵来。

没过多久，又发生了"抢单事件"，算是一场中西方文化交锋的精华版。朋友扬，是夏威夷大学校长办公室的中国美女，仅有几次接触我们就成了好朋友，仰望星空在海滩游泳，聊天。她听说我爸来探亲，主动提议一起出去玩，恰巧她波士顿的同学一家三口也来玩，她就开车带我们，两家人环岛一日游。

OceanLover

Since 1849

— POSTERLABS

夏威夷美食

对可能遇上的午饭和晚饭如何吃和买单的问题，我提前给爸爸打了"预防针"。

爸爸的做派，属于饭局抢单一类。他有着明明是人家请客，他还悄悄去结账的"不俗"劣迹。他有一套别人听不懂，但事实上又颇正确的理论，"钱越花越多，越捂越少"。并不是摆阔，他愿为朋友花钱。

所以，我深知这一天会遇到什么情况，我在出发前，"语重心长"地对爸爸说，今天环岛，估计需要一天时间，午饭或者晚饭，怎么吃，怎么花钱，不要像国内一样你说了算。

爸爸点头答应，"入乡入俗，按本地规矩来"。

中午十二点，在古兰尼牧场景区，扬力荐蒜蓉大虾饭。点餐时我主动说："我来！"她先是谦让，但我坚持"应该的"。我和她的波士顿朋友分别排队结账。她的朋友也没有从我手中抢单的意思，午饭轻松美味。

晚上七点多回城，来一家越南餐厅吃米粉。吃吃聊聊很愉快，到了快买单时，爸爸又忍不住悄声劝我把单给买了。理由是，汽油费，感谢朋友陪伴玩了一天。我不高兴地小声说，你不用管。他于是"懂事地"专心欣赏电视上的越南春晚，宛如中国歌舞大联欢的翻版。

服务员拿来两份账单，问我们"分开还是一起"，原来在我们开始点餐时，服务员就将账单分开了。我们默契地说"分开"，我付扬我们三人，波士顿一家三口付他们的。这是爸爸第一次看到，一桌的朋友，分别点餐各自付，真正 AA 制。

回到家，对我们分账买单的做法，爸爸多少还有点闷闷不乐的样子，他说事情过去了，现在来讲讲他的中国理论。"中国人情味浓，那是有一种看不见的逻辑在里面的。比如今天这事，要是换了我，我会先买中午的单，因为晚上那次，人家会买的，这样两边的朋友都为主人买了面子。她陪玩花时间，开车有油费。两边都是主人的朋友，你一次，我一回，多好？"

"晚上的饭，很可能不在一起吃。"我说，"重要的是，对方认为，凭什么（中午）白吃你一顿，感觉不舒服。"

爸爸认为还是中国好，什么叫社会，什么叫朋友？总账都是那么多，抢着买单并不总是自己买单，而是大家暗中排了个序号。我听得头晕，一顿饭吃得太复杂了，就这一点，我认为中国的买单文化就不比西方的 AA 制轻松，人家简单明快，你是你，我是我。

至于说"越花钱越多，越捂着越少"，它里面深藏着一个道理，花钱其实是一种性格，同时也是一种信号，花钱爽快的人，有着相似的性格和经济状况，一旦共事，信任和默契也自然来得快。

我说，中国人在柜台抢着结账，你挤我扛，你拉我扯，让外人看了还以为遇上了债主或情敌呢。爸爸说，"现在的抢单都很成熟了。有经验和艺术，一种是装着上洗手间，拐个弯悄悄地结账……"我说我懂，那是你们年代的方式，我们年代里，已经是先付账啦，偷摸者一律没机会哈。

10 /

蓝色天堂，为何流浪？

▲ 中国城

对夏威夷，马克·吐温曾说，即使逝去，也不过是在天堂里睡着了。

夏威夷物价高、房价高，仅次于纽约州的曼哈顿和布鲁克林区，物业账单是美国本土的 3 倍多。人们戏言，这是生活在天堂里的代价。

天堂里，无家可归者随处可见。你见或不见，他们总在那里。眼见难过，心中疑惑。

只要上街，即开眼界。十字路口连帽衫青年举着牌子要饭："我很饿，无家可归，求帮助"，二十岁上下，四肢健全；散发着酸臭味的老汉在公交车站旁，被人拿喷水枪驱赶，他赖着，骂骂咧咧；站在马路中央骂街的泼妇短裤半脱、只剩得内裤，在警车来后大义凛然地抬头背手，对警察撩起上衣后做出接受手铐的惯性动作；从垃圾桶里找食吃的残疾大爷，双腿失足处溃烂淤紫，不忍直视……流浪汉就算了，残障人也没人管吗？人权和人道，在天堂里，没有兑现。

中国城"被攻陷"

中国城就在檀香山市中心，如今却已被无家可归的人群"攻陷"，街道转角酸臭入鼻，流浪汉云集。这三五一群，那七零八落，从中年到老年，男女都有。他们或坐躺或摇摆，呓语的，交谈的，各种各样的都有。不少人身旁都有一辆超市购物车，里面装满破衣破鞋等全部家当。

在"中国城"三个字横匾下，一个赤裸上身蓬头垢面的流浪汉，将横匾下方作为临时驻扎地。青瓦白屏上用红字写着中英文："为了所有来中国城工作和生活的人们"，好不讽刺。

中国城之所以成为无家可归者的家，是因为那里设有善堂，常有人做慈善，不时给他们派送些衣物和食品。我曾见过二三十个无家可归的人，在街道的转角排长队，领食物。

夏威夷的无家可归率在全美"屈指可数"。尽管失业率低于5%，但昂贵的房价甚至让不少工薪阶层无家可归。檀香山市两居室商品房的房租每月超过1800美元，是美国房租最高的地区之一。

根据夏威夷大学2013年报告数据显示，夏威夷各岛流浪人数为 13639 人，州府檀香山所在的瓦胡岛有 9526 人。其中 58% 的流浪者在夏威夷生活了 10 年或更长，76% 在积极寻找就业机会。

无家可归，那么就露宿街头吧。看看星空，吹吹海风，反正也算活在天堂。为什么天堂里流浪者这么多？

东西方中心负责慈善项目的王培培说，夏威夷气候宜人，冻不死人，"有的流浪汉是从美国本土各州买单程机票来，有的是政府空运他们过来。加上游客多，施舍机会多，终归饿不死"。原来，度假天堂夏威夷，不只是你我心向往之，也是破产者攒钱买机票的终极目的地。

除了中国城，还有不少无家可归者被集中安置在当年关押日本二战战犯的桑德岛所建的住房过渡中心。

旅游业不要面子吗？

沙滩落日下，旅游区威基基海滨人行道上，神志不清的长胡须老大爷在熙熙攘攘的路口手舞足蹈，这让一些初到此地的旅行者原本放松的度假心情，顿时紧张别扭起来。当地媒体报道称，不少来自亚洲国家的游客抱怨他们的假期被脏兮兮的流浪者影响了心情，表示"不愿意再来"。

这也是我初抵夏威夷后的所见和困惑。作为世界级的度假胜

▲ 车窗里抓拍的，路口一青年　▲ 无家可归　　　　　　　　　　　　　　　　　　　▲ 流浪者
　白人举着牌子"帮帮我"

▲ 当街脱衣服的"无家可归者"

▼ 中国城里支帐篷

FOR THOSE WHO CAME TO WORK
AND LIVE IN CHINATOWN

为了所有来中国城
工作和生活的人们

地，流浪者严重影响了城市形象，城市管理者袖手旁观了吗？专项政策和资金呢？问题显然没得到解决。

2014 年 12 月 2 日，檀香山市长柯克·卡德维尔（Kirk Caldwell）签署一项禁令，禁止无家可归者在早 5 点至晚 22 点在最繁华的街道逗留。违反规定者将被罚款 1000 美元和拘留 30 天。然而，露宿的禁令让无家可归者流动性更大，社会服务机构更难找到他们。还有不少无家可归者睡在机场，这也是我抵达夏威夷机场时的初见。

自 2013 年以来，美国有将近 13% 的人失去自己的房子。根据处理无家可归及贫困事务的国家法律中心的信息，有越来越多的法律禁止在公共场所露营、以车为家、乞讨和游荡。过去两年时间里，美国超过 20 个城市认定在公共场所为无家可归者提供食物为非法行为。国家流浪者联合会主管杰里·琼斯（Jerry Jones）称这样的法律只会产生反作用。

街边露宿，酒店业人士担心这会影响旅游景区的形象和吸引力。而出台法律禁止睡在路边，却是有违早期夏威夷王国的文化传统，卡美哈梅哈国王（King Kamehameha）在任时曾鼓励岛民，"可随意躺在街边，不要怕受伤害"。

自 2008 年金融危机爆发以来，美国失业人数不断增加，无家可归人数也急剧上升。据美国全国终止无家可归联盟（End of the homeless Coalition）公布的报告指出，2011 年美国无家可归者人数为 63.6 万人，其中纽约就有 4.3 万多名无家可归者，创下历史新高。

其实，在美国，真正意义上的蓬头垢面蜷缩在街头的典型流浪者仅占总流浪人数的 20%，大多数无家可归者是属于买不起房，或者无法支付房租的人，其中还有几十万是携家带眷的。

檀香山市政厅会议上的引用数据是，"70% 无家可归的人有工作"。可见，低收入人群在夏威夷是难以付起房租的。

我感到困惑。美国多数人信仰基督教，流浪者中有相当比例的伤残人，他们悲苦无望，那么他们宣扬博爱的宗教情怀又到哪里去了？对此，我和美国一位资深记者凯斯深入聊过，他的态度是，这事和宗教情怀没什么关系，倒是要考虑下，无家可归人员的比例构成："其实，一半以上的流浪汉不是美国人。"

回不去的比基尼岛

不是美国人？那是谁？密克罗尼西亚群岛的岛民。

逐渐剥去洋葱外皮，一层一层辣眼睛，我似乎发现了不为人言说的"秘密"。美国人不说，我们看不见，世界就不知道。

凯斯介绍，当年美国和密克罗尼西亚一些岛国签订协约（COFA），为促进这些进岛国自治和经济发展以达到自给自足，给予他们在美国居住、工作和学习的权利。"但他们需要缴纳当地、所在州和联邦的税，且需要服兵役"。

这些岛民向夏威夷涌来。他们失去家园，又在异乡失魂落魄。碧海金沙上的比基尼美女，和他们无关。其实，两者曾鲜为人知地紧密相关。

比基尼，意为椰树之地。比基尼环礁位于马绍尔群岛北端，由 23 个小岛环绕着一个面积达 229.4 平方英里（594.1 km²）的潟湖组成。

美国从 1946 年到 1958 年在比基尼环礁进行了 23 次核试验。1954 年 3 月 1 日在比基尼岛礁上的"城堡 Bravo 行动"，是美国史上最大规模的氢弹核试验，产生的高达 1500 万吨爆炸当量，比当年投向广岛的原子弹威力大 1000 多倍。

比基尼泳装与那次核试有关吗？没错。与当年核爆同时，时装界发明了一款和女士内衣相差无几的泳衣，暴露程度完全突破了当时人们的传统思想底线。发明者认为其影响力无异于一次核爆，故借此比基尼岛礁之名将泳衣取名为比基尼。

知道这种关联后，我穿比基尼的心情，不再明媚。

"他们没有理由地炸了我们的土地，现在到处有毒"、"几年后，我为家人建了房子，那些当兵的来拆房，说他们发现有毒"。"先是水里有毒，他们把水抽干，现在毒扩散到土地"……密克罗

▲ 比基尼岛核试验，网页图   ▲ 1954 年"城堡 bravo 行动"

尼西亚岛民流浪者说。

从 1946 到 1958 年，美军在马绍尔群岛共试爆了 67 枚核弹和氢弹，6 座岛屿"消失"，上百人受辐射。40 年后，许多岛至今仍荒无人烟，核爆受害者流离失所。

"我在这儿不受欢迎，我想回家"、"家园被用作军事基地，将我们置身于没有经济来源和住房的土地"、"（美）军队把我带到新泽西州，但我不会说英语，我的家人在这儿，所以我来夏威夷找他们"、"没工作，也回不了家"……

日本二战战败后，密克罗尼西亚被美国接管，包括关岛、塞班岛、马歇尔岛等 11 地行政上属于美国的"太平洋托管地"，成为

▲ Waikiki

华盛顿加强太平洋地区实力和优势的棋子，和美国军事活动的重要领域。

在夏威夷通过的《无核和独立的太平洋人民宪章》中说，西方殖民者对我们土地侵略，我们成为受害者已太久，我们的家园被大国发展核武器破坏、压迫、剥削。他们从事的这场战略，没有赢家，也没有被解放者，伤害所有人类生存。"太平洋岛屿是我们的家，我们有自己的文化、宗教信仰和生活方式，我们拒绝被滥用和无视。"

这些密克罗尼西亚岛民普遍受教育水平低，他们受歧视、遭排斥，找不到工作、付不起房租，夏威夷本地人常常抱怨他们"占用医疗和住房福利"。他们当中很多人营养不良，症状不是瘦弱，而是大肚凸起，吃太多含盐量高的罐头午餐肉（Spam）的缘故。夏威夷一棵生菜 2.5 美元，而一罐午餐肉只要 1 美元。

东西方中心"亚太领导力"培训项目成员李柏凝说，一次项目组同州议员见面，她原计划提几个人权问题，包括无家可归者的安置问题等，却被项目老师告知，最好不要提此类敏感话题，"这样会让议员很恼火"。"基本事实都害怕，又见政客的伪善，尖锐的就免开尊口吧"，她说，"议员们乐于谈同性恋，还是有钱人，不痛不痒的话题。"

凯斯耸耸肩说：安置好一批，又有新一批人涌来。经济成本太大，这个问题没法彻底解决。存在即合理的又一现实悖论。

PART 2

貳
Aloha & Ohana

Vernon 陈先生的 Aloha

夏威夷州有一个昵称，叫 Aloha 州。夏威夷语中 Aloha，是一个包含所有美好的万能词。有希望、爱、和平和幸福的含义，既是"你好"、"再见"，也是"我爱你"。又有哪一种语言，在说你好时，也在表达善与爱呢？Aloha 精神，有太多内涵，人与人之间的热情淳朴、慷慨友善，我有着最深切的体会。

尤记得初见。8 月初抵夏威夷，机场出口处看到两位身着阿罗哈花衬衫的伯伯，举着我的名字。从未相识，却一眼就认出两位面带微笑的老先生，就是同事口中说的郑先生 Walter 和陈先生 Vernon 了。两位给我戴上欢迎花环蕾，手提肩扛我的两个大箱子，年轻小伙般不惜力。

陈先生和郑先生分别是美中友好协会（USCPFA）的主席和前任主席，两位华裔美国伯伯，做中国记者的接待家庭已经长达 20 年。按照美国的习惯，我们直呼他们名字。尽管 Walter 还参加过越南战争，算下来年龄比我父辈还大。英语虽说是"接待家庭"，我们并不住在他们家里。几乎每个周末，他们都会邀请我们一起聚会，带我们去珍珠港看焰火，为每个人过生日，万圣节刻南瓜灯，参加圣诞节看花车游行等等活动。

Vernon 是基督新教教徒，Walter 是天主教徒。平安夜，在市中心一家中餐厅团聚过后，Vernon 问我是否想去看看教堂里的弥撒。我当然好奇，我们步行来到附近一座哥特式大教堂。夜晚的教堂蓝色琉璃玻璃满溢着神圣的宗教气氛。彩色玻璃窗上的图画讲述圣经故事，画着海岛特色的椰子树。

Vernon 常来这座圣安德鲁教堂做礼拜。这座建于 1886 年的哥特式大教堂，据说是卡米哈米哈四世向英格兰国教的建筑和信仰致敬之作。"他与维多利亚女王成为朋友后，和妻子爱玛王后在 1861 年成立了夏威夷圣公会。"

听完唱诗班的弥撒，已过了 12 点。他兴致勃勃地和我讲起上

▲ 童心未泯的郑先生（右）和陈先生（左）

周圣诞节的礼物大放送，"孩子们开心极了，我准备过了明天再去商场买打折的礼物"。

这就是 Vernon，一个童心未泯，过了这个圣诞就想着下个圣诞节，自己掏腰包给孩子们买礼物的"圣诞老人"。他连要不要继续交 1800 美元的 VIP 费，继续用他的家庭医生都还在犹豫，却在为别人家的孩子过好下一个圣诞节，乐善好施。

Vernon 爱开玩笑，也爱笑，对一切新鲜事物都有着老顽童般的好奇心，和我们在微信群里实时互动。他爱穿蓝色系的阿罗哈衬衫，戴永远一丝不苟的棕色假发，假发里露出他自己的缕缕白发。但他从没把自己当成老年人。

Vernon 家住在 Makiki 山坡上，驱车上山，一家一户独门独院，从房间看得到山下的万家灯火，抬头望得见天上的点点星辰。这山上的房子是 Vernon 父亲留下的，也是他从小生活的地方，他戏言自己是"地主"——经营维护在檀香山市中心的房产。

这位高尔夫、网球、钓鱼高手，收养了一只流浪猫，养得肥肥壮壮。车库里有三辆车，偌大的屋子，珍藏了许多中国风的油画和古董。家里只他一人住，是个快乐的单身汉。

作为狂热的电影迷，Vernon 家里整套的 3D 家庭影院设备，专业水准非普通电影发烧友可企及，大衣柜般高的专用壁柜和散热器，看得我们唏嘘不已。更别提他还有枪支、圣诞小火车等各主

▲ 光脚丫的夏威夷圣诞老人

▲ 平安夜的教堂

▲ 教堂琉璃玻璃

题的珍藏系列了。

戴上 3D 眼镜，Vernon 为我们调试播放《疯狂的麦克斯》，家庭影院的观看效果堪比大影院。又极力推荐我们坐上《极地快车》，他说："你相信圣诞老人吗？这部电影你一定要看。"原来他每年圣诞节都要重温这部卡通片，一个似乎永远长不大的孩子。难怪万圣节前，七旬的 Vernon，还兴致勃勃地带我们去办鬼道具超市！我走在超市里后背发紧，而 Vernon 却乐于逗我玩。骷髅、僵尸、血淋淋的娃娃，美国人对万圣节的喜爱，真是从小培养，一辈子玩不腻的呢。

因为我的脚被蜈蚣咬伤，Vernon 事后听说我的就医经过，几乎自责地说："哎，我以为你说的医院是校医呢。哪想到这么严重！"他开车带我去买防过敏药，仔细阅读每一种产品的说明书，对比适用范围，又寻寻觅觅，"或许有特效药"呢，想让我快快好起来。

我后悔没有早点联系接待家庭，向他们咨询如何看病求医。觉得走南闯北独立这么多年了，习惯了有问题自己扛着。很不好意思有事就麻烦他们，才没有"及时"汇报。不料脚伤越发严重，我给 Vernon 打电话，请他带我去中国城找中医瞧瞧。他连中饭都没吃，就从高尔夫球场赶来接我。带着我在中国城转了三圈，不巧因为周日，找了三家中医馆都关门。他扶着我，从最后一家报希望的唐人街药剂师诊所门前走过，门锁着，透过窗户，许许多多小小的木抽屉里，散发出中药味道。Vernon 说，"你要是早点告诉我，或许他们都有妙方呢"。

最终回国治疗，耽误了一个月的课程。没想到等我再度回来时，接待家庭第一件事就是要张罗着给我补过生日。

难道是他们从帕文夫人那里拿到一笔专项生日经费，必须为我们走这个形式？我自然地向 Vernon 提起，"您和帕文夫人熟悉吗？""我们只见过一面。怎么啦？"

心里的谜，这才找到合适的时机，终于鼓起勇气问，"那作为接待家庭，您和帕文奖学金项目有什么关系呢？"Vernon 似乎明白了我委婉的问题，他说："我们为你们帕文记者服务，自然就有点关系了吧。哈哈，全是自愿的。"

我懂了，他们十年如一日，二十年如一日地辞旧迎新，从接机到送机，他们一直在延续着 Aloha 精神。

02 /
郑先生夫妇的助步器

檀香山机场大厅里，我推着郑先生借我的老年人助步器，缓缓挪步，一瘸一拐。这是我生平第一次用助步器，成了需要帮助的残疾人。

被蜈蚣咬伤后的脚，绷带缠绕，空荡荡的大厅里，我的"残疾"一眼就会被看到。看不见红肿瘙痒，看得见身边有夏威夷亲人照料。

郑先生 Walter 瘦瘦高高，走路时的小碎步透露出他的热心肠，他为我拎着行李。郑夫人 Pamela 在我身边寸步不离，弯着腰手扶撑杆，还问我要不要帮忙。

右脚穿着运动鞋，左脚打了绷带却只能穿得上人字拖。没想到，我会以这样的方式离开夏威夷。

把助步器还给 Walter，我给了 Pamela 一个拥抱。她安慰我说："你这可真是，史无前例啊！等你回来！"郑先生也开玩笑说："除了跳伞第一人，你又破纪录了。快快好起来。"

挥手，道别……

就在两天前，我们还在一起过新年。

元旦，Walter 邀请我去他们家里吃晚饭。晚餐是郑夫人 Pamela 精心准备的海鲜大餐，鲜虾、三文鱼、墨鱼 Poke、猪排……面对美食，我面露难色，"恐怕这些发物会让脚伤……"我于是将被蜈蚣咬伤后的曲折，讲给他们听。

"我问医生几天能好，医生说，预测未来他做不到。而且也没交代不能吃海鲜啊、喝红酒啊这类禁忌"，我抱怨说。

Walter 喜欢喝红酒，每次我都陪他。听了我的话，Walter 忙给我倒了杯不加冰的水。

听了我的看病记，她告诉我说："美国医生是不会告诉你说几

▲ 左一是陈先生 Vernon，右一是郑先生 Walter

天能好的，万一好不了怎么办？怕你找他打官司，所以责任撇得一干二净。"Pamela 曾经也是位中国记者，和 Walter 结婚后住在了檀香山，她对中美的差异性更有深刻体会。

Walter 更幽默，一针见血指出："幸亏蜈蚣咬伤的不是你爸爸

我的夏威夷：当东方遇上西方

呢！"此话怎讲？"你爸爸没买保险，所有费用岂不是要你来负担？"如此看来，蜈蚣还会看人下毒，网开一面。

很多人在一起时，郑先生的话不多，但单独和你吃饭聊天时，也可以滔滔不绝。整晚的话题都在围绕我的脚展开，我边听边问，算作一次深入的采访了。担心伤口发作，当晚我只吃了两口虾。Pamela 像往常一样，把没吃完的饭菜打包让我带上，临别还嘱咐我说，"你一个人不方便，有什么需要的就打电话啊！"

从前每次来，我们都会在阳台上喝着红酒欣赏海滩夕阳，但这次没有。

第二天一早，Walter 来电话说，他们向 Cathy 奶奶借了她曾经用过的拐杖，要给我送来，"你行动不便，还是有个拐杖省力些"。

他们想得可真周到细心。而我当时正在学校医务室，他们说那就把拐杖留在宿舍楼前台。我连当面感谢的机会都没有。待我在校医处包扎完脚，一瘸一拐地走回宿舍，收到了他们的心意：一个老年人用的手推车似的 Walker（助步器）。哈哈，Walker 这么一走，全楼里的同学都对我侧目加问候了。

被接待家庭送拐温馨悉心关照感动的同时，我还在被不断加重的脚伤折磨着。我和家人商量，决定抓紧时间买机票回国治疗。订好机票，我就给 Walter 打电话。他听完，说尊重我的决定，问我什么时候去机场，他开车送我。

我匆匆收拾行李，把冰箱里的东西分给同宿舍的姐妹们，惠做好午饭，喊我一起吃饭；琼把体温计借给我，说万一路上炎症发烧，心里也好有个谱；拜托欣姐拿着我入境时需要的 DS 2019 表格去学校签字，把需要还图书馆的沉甸甸的十几本书交给她……

晚上 6 点半，欣姐扶着我来到楼下，Walter 已经到了，小碎步地提来一包衣服，让我挑选。Pamela 说，"翻箱倒柜全找了，但厚棉衣估计是捐了，只剩下这些，不知够不够。"我连忙谢过，欢喜地一件件拿出来，"这件毛衫、这条厚围巾就足够啦！真不行我拿出小棉被披上。"我指指行李箱，让他们放心。

来到机场，Walter 不忘把后备厢里的助步器拿出给我推，"这样子，一准很快得到帮助"，Walter 拎着我的行李，Pamela 穿着高跟鞋，叮叮当当小跑向国航的值机柜台。第一次，我像个残疾人似的，推着助步器慢吞吞地走在空旷的机场大厅。

我是幸运的，在异国他乡，有这样一些朋友如亲人般陪伴在我身边。他们那么细心，那么无私。机舱里，同学的父亲从后排走过来关心我，"来吧，你的脚要平放，还可以睡个好觉。"他们腾出三个连着的位子让我躺下。

闭上眼，过电影般回顾这场意外。我告诉自己，有时命运会开个玩笑，C'est la vie。一切都是最好的安排。

03 /
与奥巴马"擦肩而过"

1959 年，夏威夷正式成为美国第 50 个州，美国总统奥巴马的外祖父母和母亲，从美国本土搬家到夏威夷。1961 年，奥巴马出生在檀香山。爱开玩笑的美国人戏言：如果早出生两年，奥巴马就不是美国人。

奥巴马的母亲斯坦利·安·邓纳姆，是出生在堪萨斯州有英国血统的白人，"像牛奶一样白"，后来成为人类学家；父亲巴拉克·侯赛因·奥巴马，是夏威夷大学第一位非洲留学生，"黑得像煤炭"，最终成为科尼亚经济学家。他们相识在夏威夷大学的俄语课上，她羞涩腼腆，他自信善谈。

夏威夷大学，奥巴马父母相遇相爱的地方，也是奥巴马每年圣诞休假都要故地重游的一站。

2016 年元旦假期，我和同学在校园，碰巧看到奥巴马从东西方中心的会议中心走出。一身黑色休闲装扮，和东西方中心主席

▲ 1980 年奥巴马和外祖父、外祖母在纽约

▲ 奥巴马和母亲、妹妹

边走边聊。周围安保做得不露痕迹。我们在马路对面的草坪上，隔着一百米，看见奥巴马闲适地向老朋友挥手，坐上前来接驾的十几辆黑色车队中的一辆，开出校园。前后不过 10 分钟，和国内明星出场的阵容相比，低调、平静。

每年圣诞节，奥巴马都会带着夫人和女儿返回家乡乐土。来夏威夷大学走走逛逛，东西方中心会议中心后面的花园，亭台曲水，据说是他儿时玩耍的乐园。

在传记《父亲的梦想》中，奥巴马开篇以"他"指代父亲："1959 年，23 岁的他就读于夏威夷大学，主修计量经济学。他广交朋友，协助成立了国际学生协会，担任第一任主席。当有一天我母亲从学校回来，提到她在大学认识了一位来自非洲的朋友时，

我的夏威夷：当东方遇上西方

▲ kokohead 山路

▲ Kokohead 小跑倒退下山的比基尼女子

外祖父母的第一反应是邀请他来共进晚餐。当巴拉克出现在家门口时，外祖父惊呆了：这个非洲人和自己最喜欢的歌手纳京高长得像极了，直接就问我父亲是否会唱歌。外祖母注意到了，巴拉克牵着女儿的手……"

奥巴马回忆说，外祖父母起先非常谨慎，最后还是被他的魅力和聪慧所折服。他们同意了父母的婚事，不管同意得多么勉强。1961 年二月，安和巴拉克在茂伊岛结婚了，八月奥巴马出生。

要知道，20 世纪 60 年代的夏威夷，有 19% 的白人女性嫁给了亚裔男性，夏威夷几乎没有黑人。美国半数以上的州"种族通婚"仍然是重罪。奥巴马写道：1960年，在南方许多地方，仅仅因为以某种不当的方式看我母亲一眼，我父亲都可能会被吊到树上去；在北方的城市里，敌视和流言蜚语，可能会迫使一位身处类似我母亲境遇的女人去堕胎，或者逃到远方一个能够收养孩子的修道院里去。

而夏威夷有太多的种族，彼此之间力量分散，无法在这里推行美国大陆严格的等级制度。对于父母的婚姻，奥巴马说，这样的神话是夏威夷创造的，作为真正意义上的熔炉，夏威夷进行了一项种族之间和睦相处的试验。

"狭路相逢"科科角

夏威夷出生、长大的同学 Micah，圣诞假期约我和朋友一起去爬山。我们原计划去西海岸的徒步，被他临时改变计划。"前方路上莫名堵车，我们就近找个山吧。"于是，开车来到传说中艰险难爬的 KoKo Head 山脚下。

Micah 是典型的夏威夷人，多重混血，有英格兰、苏格兰、威尔士、葡萄牙、中国、夏威夷、印第安血统……混出他东方人的黑发，西方人的轮廓和体格，浓密的络腮胡显得超出他年龄的成熟。

一条废弃的铁路轨道通向科科角山顶，是二战时期为山顶的军事人员和设施运输物资所建，45度的倾斜度，被称为"way to heaven"。登山途中，身边不断有专业登山高手从身边嗖嗖超速，短裤比基尼女郎从山顶倒退着下山，小伙子脱了上衣秀出汗油油的胸肌。

我第一次登科科角，边爬边回头望山下蓝绿色海岸线。爬到中间一段空中铁道，Micah提醒我小心脚下沟壑，三四米深的沟，仿佛独木桥般。掉下去可怎么办？我走了几步就眼花腿软，Micah经验丰富，让我原路退回，他绕道右侧山路返回，带我走小径度过艰险。

四十分钟后我们登顶。废弃的碉堡、瞭望台等军事设施，圣诞节被装点得红红绿绿。360度檀香山的东部美景尽收眼底：玛卡普、恐龙湾、桑迪海滩，远处的钻石山。我们在风里合影，背景是浩瀚的蓝色太平洋，白浪拍岸。还有不少游客在山顶淘气，镂空铁板上劈叉、跳高、练瑜伽，拍出一张张惊险的悬崖照。

下山，我们每100个枕木台阶休息一下，数出1048条枕木。回城路上，被堵得"莫名其妙"，Micah心情不爽地说："这条路从来不堵，说不定奥巴马总统就在附近，不是去爬山，就是爬山回来了"，我问他有没有在夏威夷遇见过奥巴马，他淡淡地说，很多本地人不喜欢总统回来，他去哪，哪就堵。

"奥巴马当总统前，每年回来你们知道吗？"我问。

"不知道，那时候不堵车。"Micah 说，从小到大，感觉夏威夷的人口至少翻了一倍。"能买得起新房的都是外来人，像我这样的只能和家人住一起"。他有种满脸严肃不开玩笑的正经劲儿。

去程 15 分钟的路，返程花了一个多小时。下午看新闻，才知道，就在同一时段，奥巴马和夫人米歇尔也在爬科科角，几乎"擦肩而过"。

奥巴马的 Ohana

科科角山路上，奥巴马黑色 T 恤，同登山客打招呼。Facebook 上登山者 Po 出偶遇奥巴马时的自拍照。奥巴马在山顶坐下，俯

▲ 奥巴马在 kokohead 山顶

瞰全景，脸朝向拉奈岛的方向，这里可以遥望到母亲和外祖母的归宿。

1995 年 11 月 7 日，奥巴马的母亲安因卵巢癌去世，年仅 52 岁。在夏威夷大学举行告别仪式后，奥巴马将母亲的骨灰撒向波涛汹涌的太平洋。没能陪伴母亲走过最后时刻成了他最大遗憾。

2008 年，美国总统大选前一天，奥巴马的外祖母病危，奥巴马特意从竞选活动中抽身前往探望。他将外祖母的骨灰同母亲去世后的一样，都撒在科科角山下，拉乃瞭望台。这里，可以看到数个夏威夷海岛的全景，右侧的拉奈岛，中间的毛伊岛，左侧的莫洛凯岛。

奥巴马称呼外祖母为"图图"，"图图"是夏威夷语，意为"（外）祖父母"。因为在他出生时，外祖母还很年轻，不想被叫老了。奥巴马说，最好的我，是与夏威夷传统一致的。"第一夫人"米歇尔也说，不了解夏威夷就不了解奥巴马。

Aloha 文化和 **Ohana**（家人）成为奥巴马思想和智慧的源泉，因为养育奥巴马的是他的外祖父母亲。奥巴马一岁时，父亲到哈佛大学继续深造，因经济拮据没能带上家人。奥巴马一生只和父亲一起生活过一个月，那是他上小学的一年圣诞节，那时父母早已离婚。父亲从肯尼亚来看他，还在他就读的普纳荷私立学校做了演讲。

▲ 清晨爬上 Diamond head 山顶所见海天一色

要知道当年，奥巴马想进这所培养精英的预科学校（曾是孙中山就读的学校），有多不易，等候名单很长。最后，在外祖父上司的帮助下，奥巴马欢天喜地地收到了通知书，一直读到 18 岁。

奥巴马从小玩海长大，徒手冲浪是身为夏威夷人的炫耀技能。小时候，每当游客对沙滩上玩耍的巧克力色小奥巴马投去异样的眼神时，外祖父就会走过去、用恰如其分的语气告诉游客，"那是夏威夷第一位国王，卡美哈美哈国王的曾孙"。

夏威夷土著波利尼西亚人的深小麦肤色，和奥巴马黑白混血的巧克力色，难辨渊源。

母亲安可谓白人至上主义的颠覆者，第一次婚姻惊世骇俗地嫁给非洲黑人奥巴马，第二次婚姻嫁给印度尼西亚人苏托洛。奥巴马形容她是"一个集工作、求学和养育儿女于一身的母亲"。

▼ 蔚蓝港湾

奥巴马说："她是我所知道的最仁慈、拥有最高尚灵魂的人，我身上最好的东西都要归功于她。"安善良、宽广的胸怀深深影响了奥巴马。她却认为奥巴马追随（继承）了父亲的榜样，"你的头脑、你的性格，都遗传自他。"这也是奥巴马之所以将自己定义为"非裔美国人"，身份认同是"黑人"的原因吧。

04

当"国父"还年轻

夏威夷州府所在地瓦胡岛的火奴鲁鲁（Honolulu），有个中国人广为熟知的美丽名字：檀香山。

"檀香山"的由来确有一段故事。19 世纪，从北美开往澳门、福建、广州、上海的船只多经停夏威夷。波士顿商船船长听说檀香木制作的工艺品深受中国人喜爱，便把大量木材出口到中国，再把瓷器、丝绸和茶叶销往美国。1810—1820 年出现了"檀香木经济"。而中国人对夏威夷和檀香山熟悉的亲切感，更源于"国父"孙中山的早年革命。

国际政治课课间，一位身材肥硕的夏威夷原住民大哥问我，"你来自中国，你知道孙中山和夏威夷的故事吗？"我说当然。他说，"人们都以为孙中山当年来到了美国，接受的是美国教育。其实，那是夏威夷王国对他的培养。"这位主张夏威夷独立的政治学博士生，有着坚定的独立精神，他认为美国侵占了夏威夷的领土，夏威夷人应该继续寻求建立独立国家。

1871 年，孙中山兄长孙眉到茂宜岛开发菜园，经营牧场成功，获得"茂宜王"的称号；1879 年，孙眉接孙母和 13 岁的孙中山到夏威夷，资助他就读当地的贵族学校。孙中山进入英国基督教圣公会所办伊奥拉尼学校（Iolani School），学校创办于 1862 年，是夏威夷历史上最早也是夏威夷最有名的私立学校。学校教师几乎全为英国人，每年学杂费 150 美元，连同生活费，是笔不小的开支，但哥哥孙眉全力支持。

　　在伊奥拉尼中学，《圣经》是必修课，早晚两次祈祷，星期日要去圣安德鲁教堂做礼拜，是孙中山对西方历史及西方制度的初体验。孙中山受基督教影响很大，这对他日后提出平等、博爱、天下为公等思想有深刻影响。

　　三年后中学毕业时，孙中山获得全班英语语法第二名。1882 年 7 月 27 日，学校在圣安德鲁大教堂举行了隆重的毕业典礼，当时夏威夷的国王卡拉卡瓦，王太后爱玛和公主莉莉奥库兰尼（后成

▲ 茂宜岛 孙中山像

▲ 孙中山就读的伊奥拉尼中学内，少年孙中山塑像

为夏威夷王国的末代女王）出席，国王亲自为他颁发奖品。

从伊奥拉尼初中毕业后，孙中山进入瓦胡学院读高中。瓦胡学院，即是后改名为普纳荷学校（Puhahou School）的美国最大的私立学校。近一个世纪后，前美国总统奥巴马当年也在此就读，成为与孙中山比肩的"著名校友"。

从小学到高中，普纳荷占地广阔，建筑古朴。来到孙中山当年读书时的两层小楼，至今仍在使用，据说孙中山的同窗中还有夏威夷王子库伊奥（Kuhio）。逛完普纳荷，我随 Vernon 来到伊奥拉尼中学。作为孙中山的校友，Vernon 带我们来到校园内一座少年孙中山的雕像前，"这座雕像是近年才立的。等到我都毕业了，才知道原来教学楼里的一张肖像画是孙逸仙博士。"

西学教育和夏威夷良好的社会秩序，在少年孙中山的人生观形成中播下了民主思想的种子。长期的潜移默化中被基督教影响，孙中山很虔诚地参加各种教会活动，有了受洗礼入教的念头，但遭到孙眉的强烈反对。

1883 年 7 月，未满 17 周岁的孙中山，心有不甘地从瓦胡学院退学回国。对于孙眉反对孙中山信仰基督教，以及孙中山退学回国的这段历史，Vernon 也表示是第一次听说。

从 13 岁到 17 岁，正是少年价值观与世界观形成的最关键时期。孙中山在广州岭南学堂讲演时曾这样提到这段经历："忆吾幼年，从学私塾，仅识之无。不数年，得至檀香山，就傅西校，见其教法之善，远胜吾乡。故每于课暇，辄与周围同学诸人，相谈衷曲，而改良祖国，拯救同类之愿，于是乎生。当时所怀，一若必使我国人人皆免苦难，皆享福乐而后快。"

夏威夷 1893 年发生革命，王后被逼退位，君主制变成了共和制。1894 年 10 月，孙中山从上海踏上驶往檀香山的航船，"拟向旧日亲友集资回国，实行反清复汉之义举"，成立秘密革命组织兴中会；1910 年，孙中山第六次访问檀香山时筹组同盟会。为举行反清起义，孙中山组织华侨接受军事训练，在夏威夷各界积极募捐筹饷。据记载，华侨华人是当年革命经费的主要来源，也是海外革命运动的核心骨干。孙中山曾不无感慨地说："华侨是革命之母。"

檀香山市中心的中国城，矗立着孙中山先生的纪念铜像，来夏威夷的中国游客，都愿意到这里感受一下，瞻仰缅怀。中国城早已不只是中国人，更是亚洲国家移民的聚集体。

走进一家记述唐人街历史的文物馆，这里记载了夏威夷"照片新娘"这一独特历史产物。明治维新时期，大批日本男性移民到夏威夷的甘蔗园从事体力劳动。他们不能与当地女性通婚，到了结婚年龄他们便写信给留在日本的亲友或媒人，恳求为其在家乡物色对象，并寄去一张自己的照片。许多年轻女性远涉重洋来到美国，嫁给通过照片和信件结识的日本丈夫，靠照片结合形成"照片

誠意　致知　格物
Make the Purpose Sincere　Extend the Boundaries of Knowledge　Search into the Nature of Things

Dr. Sun Yat-Sen's Testament

國父孫中山先生
1866～1925
Father of the Chinese Republic
Great Man and Epoch Maker

仁　孝　忠
Benevolence　Filial Piety　Loyalty

婚姻"。"照片新娘"，就成了这群远赴他乡寻找梦想的日本女性共同的称呼。

后来，在一次东西方中心举办的"日韩移民的身份认同"学术会议上，我了解到，"照片新娘"在日本和韩国移民中十分普遍，而在中国人中却少见，原因在于"中国人付得起往返船票，赚了钱的中国汉子可以回到广东去娶亲，再把妻子带来"。

在美国历史课上，特里普教授亮出一张黑白照片，这对跨文化夫妇是谁？"夏威夷就是这样一个神奇的地方，一是中国国父孙中山，韩国国父李承晚，早年革命运动兴起的东西文化中心。"

原来，照片里是韩国首任总统李承晚和金发碧眼奥地利妻子的合照。特里普教授说，"韩国人对一个西方女子作为第一夫人，从心里上缺乏认同感。"

李承晚连任三届韩国总统（1948—1960 年），但他在任期的独裁统治，并没有赢得韩国人的尊重和缅怀。我和在夏威夷的韩国学者学生聊起这位韩国"国父"，他们普遍的态度都很平淡，评价一般，了解也不多。

李承晚一生与美国交清深厚。1875 年出生在朝鲜黄海道平山郡。1905 年获得美国乔治华盛顿大学政治学学士学位，1910 年获普林斯顿大学国际政治学博士学位，成为第一个在美国荣膺博士头衔的韩国人。1919 年任大韩民国临时政府国务总理，同年受任临时政府总统。1921 年赴美推动韩国独立运动，侨居夏威夷期间，在当地侨民中积极从事独立运动，成为声名显赫的独立运动领袖。他于 1933 年在纽约娶奥地利人 Franziska Donner（朝鲜名李富兰）为妻。1948 年，李承晚在美国的支持下当选总统，于 8 月 15 日宣布成立大韩民国。而总统呼声更高的韩国独立运动家，被韩国人崇敬支持、誉为"韩国国父"的金九，却遭到暗杀。

1960 年，李承晚第四次出任总统时，发生四一九革命，被民众推翻，被迫辞职并流亡夏威夷，5 年后逝世。与孙中山不同，李承晚在夏威夷的革命踪迹和墓碑，热爱历史遗迹的韩国游客却并不关心，可见此国父非彼国父，但夏威夷在近代史中与亚洲各国的互动之深远，由此可见一斑。

参观毕晓普博物馆，退休美国女将军和她的华裔丈夫伦纳德，在博物馆做志愿讲解员。伦纳德已经年近 80 了，留着长发扎着马尾，精瘦，肤色黑红，很多人把他当成印第安人。金发女将军马蒂"偷偷"告诉我说，她去中国开会，他们很好奇她为什么会姓"王"。"我现在有一个中国人的姓，也是半个中国人"。

伦纳德·王的父亲来自中国广东，漂洋过海来夏威夷时，更姓改名，直到几十年后才恢复了原来祖上的"王"姓。他把我带到博物馆三层，指给我看擀面杖长短的古木，"这就是当年的檀香木"。

在 19 世纪初，由于中国人对檀木的独特偏爱，统统砍伐运到

126

了中国做家具。伦纳德说："如今在夏威夷，看不到一棵檀香木，而我在北京还看到过檀木博物馆……"整个博物馆，与中国人相关的历史就这么点，伦纳德说，"我打算以檀香木为切口，准备一个中国移民和夏威夷的研究报告。"

05 /

百岁寿星家中做客

周一一大早，我接到了 Auntie（姑姑）的电话。"谢谢你们周末能来，我们度过了快乐的时光！"到姑姑家做客，吃好喝足后她还把剩下的四分之三给我们打包，光意大利面就够吃两天。"有需要的就给我打电话哦！"Auntie 说。

Auntie 不是亲戚，也不叫 Auntie，是在中美友协的一次野餐会上认识的朋友，也是我们接待家庭 Vernon 的老友。我和姑姑分在一组做猜谜游戏，她当时十分热情地留我电话，说日后约。我当初以为只是寒暄客套，没想到，姑姑在第二个星期就约我们：一个月以后的某周六下午去他们家做客。让我们叫她 Auntie 就好。

提前一周、提前一天，姑姑都又来电话和我们确认，"计划没变吧？可以出席吧"，我们也就很当回事地心里惦记着，为姑姑准备了一份礼物。会面当天，我们在约定好的停车场前摇手相见。她和教授先生穿着颜色鲜艳的阿罗哈衬衫，一人开一辆车，我们拥抱问候。

128

姑姑邀请两位女士坐她的新车，教授先生另开车载两位男生。行车途中路过普纳荷中学，姑姑指给我们看，"看，这就是奥巴马上过的学校，教授先生也是这里毕业的。"百年历史的普纳荷，绿树葱茏、建筑古朴，是美国最大的私立中学，创建于 1841 年。孙中山和奥巴马，都是普纳荷的著名校友。

我们沿普纳荷路上山，越来越熟悉的山路，让我觉得似曾相识。"是不是 Vernon 也住这附近呢？""没错！我们是邻居"。世界很小，Vernon 竟然和教授是发小。住在 Makiki 山上的都是富人啊，游客还专程上山来俯瞰夜景，仰望星空呢。

我们在盘山路上驱车上行，绿树葱茏中路过一户户人家、一幢幢小别墅，在最熟悉的一幢楼前停下，山坡上是 Vernon 家，山坡下就是教授家。姑姑说，家里还有教授的母亲，今年 98 岁了。"她身体可好了，两周前还自己开车下山呢。""什么？98 岁的老人自己开车？""对啊，美国对开车没有年龄规定，只要你的医生开

▲ 和百岁老奶奶

证明说你视力 OK，你就可以上路。"

98 岁高寿的老奶奶，在门口徐步走出来迎我们，她笑意盈盈，炯炯有神。我将花束捧上前送给老奶奶，轻抱她。她骨骼纤瘦，近看，老奶奶那细细的描眉、一层亮粉色唇彩，打上桔粉色腮红的面颊，岁月皱纹都显得细腻而优雅。

"我们家是山上的第一家"，老奶奶悠悠地说，"60 年了，房子还是当年的老样子"。繁复雅致的客厅，嗅得出历史的味道。冬天取暖的壁炉上，摆放着中国古书画和精美瓷器，这些都是中国移民的寻根印记。

书房里，摆放着教授的藏书和老照片。一只雕刻精细的樟木箱子，是家里的传家宝，"这是我曾祖父从中国带来的"。19 世纪中期在加利福尼亚出现淘金热，来自中国广东的劳工成为第一批移民。老奶奶说，"我父亲后来从加州到夏威夷，成为夏威夷第一批种植水稻的人。"

教授的父亲在可爱岛出生，家中排行最末，上面有三个姐姐和四个哥哥，是当地为数不多的中国人。老奶奶当年在可爱岛当中学老师，1941 年的珍珠港事件，改变了她的生活轨迹。

"珍珠港事件那天，我们正在上课，听到飞机轰鸣，后来就停课、宣战了。我半年找不到工作，我和丈夫从可爱岛搬到了珍珠港所在的瓦胡岛。我开始做民间侦察员，探测军情，看到底是敌人的飞机，还是我们的飞机……"

老奶奶回忆得真切，珍珠港事件后美国对日宣战，激起了美国全民的爱国情绪和斗志，中学老师不教课而当起侦察员……

走廊的墙上贴着一幅自制的世界地图，所有"到达"的几十个国家，都插上小旗标记，"这是我和先生一起旅行过的地方"，老奶奶说，还有一个盒子专门收藏中国 20 世纪七八十年代的纪念章，"我们在中国的所到之处，都会收到这样的纪念章"，桂林山水、长城、熊猫……和我小时候在爷爷家看到的纪念章一个样。

夕阳西下，站在阳台望向山下的海上日落；院里的柚子树结了果，屋后的香蕉树已青熟，天边一道雨后彩虹。我们在院子里聊天，喝酒，老奶奶亲自端甜点给我们吃，嘴里还一边嚼着薯片！

我在她身边席地坐下，随她追忆当年。老奶奶一只耳朵不那么灵敏，我声音尽量慢、尽量大。但她记忆力和反应力都很快，"当年花了一万一千块买的这块地，请中国来的师傅给造的房子，建筑师傅来自广东……那么多钱啊，我们分 5 年还清"。老奶奶精神很好，不仅头脑清楚地和我们谈天，还关心我们的工作。问我，"你在这里需要工作吗？""你们都写什么新闻？"这样的专业问题。对于我们对她的赞美，也是点头笑纳。

教授说，"退休之后，就想着要回中国老家看一看"，看能不能做一点贡献。他做了几十年的银行家，不缺钱。从花旗银行夏威夷分行行长职位退休后，做起客座教授。每年两个月到广州，在广东外语外质大学教 MBA 课程。"我们的邻居，都和我曾祖父是一个姓呢，还能找到我家的族谱。"

"广州就是我们的第二故乡"，姑姑从厨房走出来说，来招呼我们开饭。她一直在厨房忙，我要帮忙打下手，她摆手摇头让我到院子里和奶奶聊天。

晚餐主餐是两种口味的意大利面，炸鸡、蔬菜沙拉、冰淇淋和甜品，典型的西式自助。老奶奶这么大年龄了，还和我们一起嚼着炸鸡、享受冰淇淋的刺激，牙口真好！"您平时怎么保养和锻炼的？一定有您长寿的秘诀吧？"老奶奶睁大眼睛，一丝欣喜划过眼角。"我现在走路慢了，说话慢了，你们要有耐心啊。现在也不让我开车了，两周前差点出事故呢。"她老人家眼角显出丝丝浑浊，却抵不住晚境奕奕，神采余晖。

教授说她母亲老人家长寿的秘诀是"勤用脑"，"现在每个月都还要读完一本书，我要负责给她找书读"。

姑姑兼具东方文化孝顺的品质，在外人面前，称呼自己的老公为"教授"而不是直呼其名，言语中充满了敬佩。她对待 89 岁婆婆的态度，就像对待自己的母亲一样孝顺尊敬。她和教授没有生孩子。教授和前妻的孩子生活在加州。书房里的照片墙上，贴着他们家庭里几代人、各色混血小孩儿时的照片，很难看出到底像谁。

姑姑染了橙色短发，热心肠又可爱，漂亮的混血美女，有照片为证，餐厅里她和教授结婚照上的她气质优雅。她说自己"一半菲律宾、一半西班牙"——喔？迅速脑补一下历史。

西班牙和美国在 1898 年因美国干涉古巴独立战争而开战，美国袭击了西班牙的太平洋属地，并导致干涉菲律宾革命和最终菲律宾和美国之间的战争，因此，"美西战争"的全称或许应叫"美西菲古战争"。

是的，和混血裔聊天就是要有丰富的历史地理知识储备。多元文化下，我觉得不了解他们的"出身和背景"，就是对人的不尊重。一半是我的文化感性和职业习惯吧，一半是我典型的中国思维方式，爱打听别人"私事"的习惯在作怪。

姑姑没有更多地讲她的祖辈，对我讲起她和教授相识的往事。"那时候，我在银行工作，他也在银行工作。一天走在下班路上，他看见我，就和我打招呼，问我可不可以认识下……"一切从这里开始，"我觉得亚裔男人比较适合我，认识教授之前，以前也有交过别的男朋友，但是觉得亚裔男人更顾家。"

聊起他们的爱情故事，不觉时间已晚。"是时候让母亲休息一下了"，教授提议。剩下半瓶红酒，姑姑也要我们一并带上。我用力地抱了抱老奶奶，握着她的手，说会再来看她。夜雨归程，教授和姑姑送我们回学校。"这条山路，没怎么变过，还是这些树，多了些新来的邻居。"

06 /

中国厨男：发照邀请来吃饭

华裔建筑大师贝聿铭成名前，于 20 世纪 50 年代设计了一组东西方中心系列建筑。其中我所住的 Hale Manoa 宿舍楼，可谓结构独特。电梯所到的 1、3、6、9、12 层，是公共空间，有电视客厅、厨房连着的餐厅、洗衣房。公共空间上、下半层，是宿舍单间、双人间和浴室。

6 层住女生，9 层住男生，中心为家庭和情侣考虑，3 层和 12 层男女混住。有女生抱怨说，初次搬入 12 层，出了浴室即见半裸男，煞是恍惚不适。也听不少男生抱怨，某豪放女子不穿内衣旁若无人地在公共区域走动。世界各地风俗不同，有人保守有人豪放，在男女混住的宿舍楼里彼此尊重，和谐相处。

这里有最好的社交所——公共厨房。一起做饭一起吃，韩国泡菜、印度咖喱、日本乌冬面，同样从超市买来的食材，在不同国家学生那里有不同做法。厨房连着餐厅的开阔空间，成为各国厨子和吃货社交的舞台。

社交达人邢老师，是和我一起来交流访学的《中国日报》同行，大家亲切地称他"邢老师"。他总想大家之所想，办手机套餐、开银行卡、买教科书等，从"邢秘书"直接升格为"邢秘书长"。帕文奖学金项目一届届传下来的锅碗瓢勺、榨汁机，全都放他所在的9层厨房橱柜。我们一起去超市买的食材也都放在他的冰箱里。

来夏威夷之前从不下厨的邢老师，迅速开启他的隐藏技能，自我培养为邢大厨，热心为大家操刀，对做饭有种天然的热情，还总热心地呼朋引伴，做好饭拍照在"煮饭玩耍群"里分享，"来来来"，于是中午谁下课谁就上9楼来觅食。邢老师悉心照顾到每个人，有时吃出流水席的盛景，从11点到2点的午餐时段，一大锅红菜汤，大家一波波地来，风卷残云秒杀光盘。

有时大家一起做硬菜，我煎牛排、琦琦炒鸡蛋、老吴做鱼、邢老师炒菜，中国人在厨房的热闹劲，羡煞他人。美国男生约翰看到我们每天从中餐到晚餐都在厨房忙，"我来了你们在做，我吃完看完电影了，你们还在做"，他的中文说得流畅，却对中餐"兴趣不大"——"每顿都这么丰盛，有点受不了。"

有时我中午有课，邢大厨总会在群里问我："吃不吃午饭？"我回复说，没关系，不用管我啦。等我两点下课，再去冰箱里取材做饭时，不时发现竟还有一份留给我的便当。碰上煎牛排，我回复说"帮我也留一块吧"，邢大厨却说："作为一个称职的厨子，我等你回来再现做。"下课后，我果真吃上了邢大厨现做的多汁牛排。

邢老师还会调鸡尾酒给大家尝。宿舍楼里短期项目的各地同学，来了又走，新加坡哥们儿的咖啡壶留给他，日本女孩的自行车留给他，缅甸小哥的万宝路烟留给他。我们都开玩笑说，邢老师是男女老少都爱的"万人迷"。吃了邢大厨的饭，大家都会自觉地贡献些食材。

逢年过节，中国人总喜欢聚在一起包包子、包饺子，我们聚在一起，一人贡献一道菜，就是丰盛的一桌。夏威夷语用"Pupu"一词来指代各种小菜，从超市买来多种作料的腌生鱼块poke，搭配上泡菜、咖喱，一顿饭可以尝到各国风味。邀请外国朋友品尝和共进晚餐，是中国人的好客与自豪。一个圈子只要有一个这样的人，就能引发大家的欢声笑语。

我倒和美国人简单的饮食习惯很像。早晨7点，朝南的房间感受到阳光的热度，睡到自然醒。三分钟给自己做一份营养早餐：火鸡肉奶酪生菜三明治、牛奶麦片；时不时换下口味，来个鸡蛋灌饼也是极方便的。三明治做一个、带一个。午饭对美国人并不重要，很多课程安排是在中午12点开课，我就随便在课间啃个苹果或三明治。午间课堂竟有治疗困意的神奇疗效，听课时睡意全无。

不像亚洲人的集体主义，我们喜欢一起做饭，还喜欢给朋友分享，美国人和日本人偏向自己做饭自己吃，边看电脑边吃饭，有时看来挺孤独。尽管有时我也会这样，而且越来越习以为常。一个人吃饭并不代表没朋友，而是一种习惯。正如中国人吃饭聚会总难改拿筷子给客人夹菜的习惯，而西方人即使一起吃饭也是各自吃自己的那一份、各自结账。

一段小插曲，美国人杰夫和我们走得挺近，好几次碰上我们正准备开饭，他走进厨房。中国人嘛，都会热情地邀请朋友，一起聊天吃饭。

终于有一天，邢老师把他橱柜的密码锁锁上了，告诉我们说，"为了给杰夫点暗示，暂时把橱柜锁起来了。需要用时找他要密码开锁。"邢老师说，听到几个厨友都向他"揭发"杰夫拿他橱柜里的油盐米面。

一向不说别人不好的邢老师第一次很不爽地说，"我在时你打个招呼用一下就算了，我不在时你还擅自用。一共不值多少钱，还占小便宜。"的确，邀请杰夫一起吃饭后，他也从没表示要帮忙收拾下碗筷，放下碗起身就走人，在中国人眼里，他的确不懂礼尚往来。

奇葩的事还在后面，邢大厨说，杰夫给他 Facebook 上留言，发了一长段声讨文谴责："你太虚伪了，明明嘴上说着让我用你的东西，却偷偷地把橱柜锁上！你不想让我用可以明说，何必暗地伤人？"

我们都笑了，啼笑皆非的文化差异。这位自认为喜欢东方文化胜过西方文化的美国人，还是不懂中国人的"面子"和"含蓄"。邢大厨这次不再和杰夫理论了。老吴调侃说"惹了惹不起的人"。

　　像邢老师一样的还有一位住12楼的台湾女孩，据说大家都把她亲切地称做"妈妈"。你要想加入我们，要先被她"收养"才行。过了不多久，杰夫成功"被收养"，每周凑份子平摊些钱，交给"妈妈"做伙食费。"妈妈食堂"是一个全楼都出了名的"亚洲文化"产物。

　　其实，每个人都有自己的课程表和进度安排，如果不是男女朋友，很少见到总一起自习或吃饭的。美国人的个人主义尤其明显，如果没发展到潜在男朋友关系的可能，也就停留在见面打招呼的浅缘上而已。而邢大厨和"妈妈食堂"，一次次给美国人带来惊喜和文化冲击。

07

越南女孩：在美国不能哭

有些事情，当你有了朦胧的感觉时，往往在一席话中，原本的似是而非变得豁然开朗。

在夏威夷，人们相互间总是微笑地打招呼。电梯里，过道上，随处是简短的友好问候。男女之间，师生之间，校工与学生之间，轻松而自然。甚至陌生人，也是如此，走在山间小路，路过住户人家，多次听到"Aloha"的招呼声。

夏威夷人开车十分礼让，在路口，相逢的汽车总是伸出手示意对方先过。别说汽车让行人了，老远就停下，向行人示意 Shaka 手势，因为距离较远，反而觉得礼让得"太过"了。这些细节，已经编织成了一个个看不见的文明之网，来自各地的人们就生活在这张友好的网里。

但时间一长，就有一种莫名的感觉，人们之间只是停留在微笑的招呼里，好像有一道看不清的门阻隔人们。这种感觉，我以为是因为自己的时间短认识不深，或者可能过于关注学业，而没有把时间和精力放在人际交往上。

厨房是最好的社交所。一天晚上，在宿舍餐厅，我和越南女孩明孝聊了许久。她来美国六年了，读历史专业博士。她汉语说得熟练流利，瘦高个，手长腿长，清秀的五官，来自越南北方。她说话像机关枪，一梭子接一梭子。

明孝学习很刻苦，我每天早晨 7 点多来到餐厅，看到她已经在自习了。她能读得懂中文繁体和古文，我们探讨的话题也从历史延伸到当下。

她说她喜欢美国的生活方式，能学到很多知识。"初听起来，我是越南人，跑到美国学我们国家的历史，是奇怪。其实，要想真正了解我们的国家，也只能跳出来，到国外。因为，"她笑道，"在越南，历史已经官方化了，是一种被改写了的历史。是意识形态的需要。在这里，我能找到在越南找不到的历史书。"

如果话题仅停留这种层面，我觉得她是一个幸福的人。像其他事情一样，只要往下深谈，事情就会呈现另一种模样。明孝说，"经常觉得孤独。"这句话让人意外，像她这样性格开朗、外向，很快能够跟人打成一片的人，怎么能"孤独"呢？

我首先想到大概是外来民族的原因，一个越南人，难以进入美国社会的局外人。要是这样，那倒很正常了。不少中国人来了十几年也还有身处他乡之感。可是，随着话往下说，我才知道，她所说的孤独，已经不是这个层面的了。

"在学校，师生之间有话说，有说有笑，可是从来不说教学之外的。你不知道，他们在学校之外干什么。他们的家人，朋友，你都不知道。有一次，老师生病，我们想去看，不知道地址，校方不告诉，我们要寄点礼物，校方又说，把东西留下来，由他们代寄。这件事让我很难受。教与学之外，你不知道他们的其他情况。被说成隐私。连探望都被限制。"她表情沮丧。

"在我们越南，你总是有些有深交的朋友，谈谈自己的生活、思想，有什么家事给朋友们说一说，分享或分担，走亲访友，很热闹。但在这里，没有。不光与我们没有深入的关系，美国人之间也是这样的。"

我试着说，美国崇尚个人主义，而东方文化是集体主义。

明孝又向我诉说了两年前的一件事。"那时我奶奶病逝，我听到后非常痛苦。在越南，我要给我的老师和同学说，我很痛苦，我会在我的朋友面前哭出来，让她们知道，我们家里发生了这么大的事，我想要请假。但这里呢，'私事和公事是分开的'。我知道，我真的说给老师或同学，我害怕看到冷漠，不关心，我害怕。我只得装着家里没有出事，和平常一样，但我的内心更痛苦。没有交流的对象。因为我知道，他们就是这样的。家里出了多大的事，都不和别人说，那么我又怎么能说呢？"

听了这个故事，我很心痛。如果人与人之间只是一种工作上的来往，这人就太狭窄了。我问道，"在美国真的很难交上朋友吗？我是说，真正的朋友，也没有吗？"

她说，这个问题是美国式的问题，谁是真正的朋友？很难说。你以为你和她是朋友了，可以说点个人的事了，可是，在美国，跳槽是太常见的事。当你以为和她是朋友，可能她马上就离开，到别的地方工作了。而在她离开之前，她都不和你说，一切都是悄悄地去做。一顿晚餐后说再见，结果就再也不见。你的朋友走了，离你而去。而在头一天，你还不知道要发生的事。

"你和同学、朋友之间有一道看不见的门。人们之间，有无数道门，你进不去。"明孝说。

下学期开学后，明孝交往了一个小她6岁的帅帅的美国白人男朋友，时常看到两人在宿舍楼出入，她在餐厅自习的时间少了，但精神似乎没有那么紧绷了。我们偶尔一起吃饭聊天，她说不觉得孤独了，"享受恋爱，不去想太多以后"。

　　我在临回国前的一周，和明孝郑重地道了别，送给她一份小礼物，互相留了联系方式。不知日后是否还会相见，不知她是否会愿意在男朋友肩上哭泣。

PART 3

叁
夏大的书香树影

01

公开课：我给美国人讲朝鲜

　　来夏威夷之前，我曾担心美国人对朝鲜的"敌对情绪"会影响自己的活动半径。初来的第一个月，我一直保持低调，从不主动谈及在朝的工作经历。

　　哈娜是和我在一层宿舍楼的韩国朋友，她听说（估计是同事）我的朝鲜经历后感到吃惊，觉得"令人难以置信"。韩语专业的美国研究生梅根，有一天在厨房突然拉着我，细声说，"要找你核实一件事……真的吗？"最有意思的是一位来自印度、会说韩语的大叔阿吉塔，见了我不说英语说韩语，逢人便"大肆"宣传："她朝鲜语说得特别好！"搞得听者诧异不已。

　　听说我在朝鲜工作生活过两年多，美国人的第一反应是："What？ No kidding！（什么？开玩笑吧？）"一连串疑问句紧随，"他们有饭吃吗？""为什么这个国家还存在？""为什么他们的民众不反抗？"每个疑问句后，都是大写的问号。

其实，此类问题，我一样被中国朋友，甚至新闻同行反反复复问过。

在美国智库东西方中心访学近一年来，我受邀在夏威夷大学孔子学院、美中人民友好协会、东西方中心"中国论坛"、夏威夷太平洋大学美军班等机构，做了多场关于朝鲜的主题讲座。

美国和朝鲜对彼此体制的敌对情绪，我有来自双方的深刻体会。先从 2012 至 2014 年常驻朝鲜工作，后于 2015 年赴美国访学交流，我尝试理解不同思维方式，打通两个话语体系，希望可以促进"敌人"间的对话和理解。

美国"90后"：了解生活在不同"世界"的人

面对用英语给美国人做关于朝鲜讲座的命题，说什么、怎么说、哪些（不）该说、分寸拿捏、度的把握，在我第一次讲课前，心中没谱。担心被问到政治类敏感话题，遭遇顽固的对抗思维，或不怀好意的挑衅刁难。幸运的是，夏威夷大学的教授特里普，给了我"彩排"讲台。

杰夫·特里普教授开设"美国与世界"课程，专业领域是朝鲜半岛和东亚国际关系。他在课堂上提到自己博士就读期间前往朝鲜的"见闻和奇遇"。美国学生以为听错了，"什么？你说你去过朝鲜？"坐在教室后排的学生，直接喊话叫出声来。

"对，去做研究。当然，我每天一出酒店房间，门口就有陪同人员在等候了。全天 24 小时，只有睡觉和上厕所的时间没人看着。"他耸耸肩，幽默陈述，却是客观事实。

特里普为学生们客观认识朝鲜打下了很好的基础，"朝鲜问题是冷战遗物……在我成长的 70 年代，人们一直担心核战争爆发。"

是的，理解朝鲜，不能不讲"冷战"的大背景。朝鲜之所以被美国列为"邪恶轴心"，是有其历史原因的。

全球化浪潮席卷了几乎每个国家，国际贸易在不同程度上有益于所有参与国，于是很多人难以想象，一个始终"自我隔离"在全球化以外的国家，是如何存在的。

"但唯有朝鲜，至今仍生活在冷战思维里。"课堂上，特里普说。"我只在朝鲜待了短短一周。但是，我们有一位在那生活工作了两年多的中国记者。和她相比，我的经历什么都不算！"

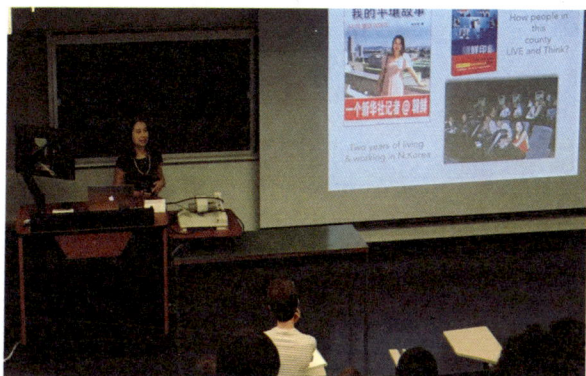

▲ 在夏威夷大学讲朝鲜故事

特里普邀请我在他的课堂上分享驻朝经历，我欣然接受，并把准备好的课件 PPT 提前拿给他看。我们交流了彼此在朝期间的"奇闻逸事"，他对我课件的内容给予了积极评价，还鼓励我说："你就当成今后正式讲座的彩排吧，任你随意发挥。"

走上一百多人大课堂的讲台，我以《中国记者在朝鲜，什么是真实》为演讲主题，用英语给美国的 90 后讲述我的驻朝故事。"想象一下，一个独立的国家，在融入全球化之前，是如何存在的？"

这个提问，也是我讲述朝鲜故事时，贯穿始终的逻辑。通过第一手的照片讲述朝鲜百姓生活的点滴变化：咖啡厅、牵手情侣、进口超市、"平壤 CBD"的仓田街区……我的照片，都是美国人从不曾在西方媒体上看到的另一个真实。

网络手机、社会民生、记者生活、在朝朋友圈，美国学生听得认真，不时举手提问。

"你可否自由行动？""她们可以穿比基尼吗？""那些沙滩谁都能去吗？"看到我展示出的朝鲜东海岸元山市海滨浴场上，身着泳装的朝鲜妹子载歌载舞、小伙在沙滩喝啤酒，举手提问的美国学生亮了一片。

我坦率回答，"我和同事当时是自己开车去的，没有朝鲜人陪同，都是拿手机随手拍的照片。比基尼嘛，其实中国女生几年前也羞涩，不好意思穿比基尼。在朝鲜没有规定说不能穿，只是传统的社会文化比较保守。这一点，传统的韩国文化也一样。"

我的解释，得到了台下特里普教授的点头回应，他转身对学生们补充说："注意了，都说管得多，没自由？但朝鲜人可以在沙滩上喝啤酒，咱们在夏威夷就不行吧。"（夏威夷的沙滩禁止饮酒）。有学生点头，有学生撇嘴。

特里普继续提供背景说，"我个人倒是被那张在主体思想塔前情侣亲吻的照片惊到了，那是类似于美国"华盛顿纪念碑"式的严肃政治建筑。在公众场合亲吻？即使在韩国街头也少见。"

特里普教授的注释提供了有说服力的论据。

▲ 在东西方中心 China Seminar 讲朝鲜

我试图"解构"这个看似在现有体系中不相容的"怪胎"。"消除偏见，对与你不同的人，有一份同理心"。如果连正确认识这第一步都无法做到，就只会重复"鸡同鸭讲"的无效沟通。大多数纷争冲突，是在倾听前已做出的价值判断。

各种问题答完，特里普教授最后总结说："你们是幸运的，全美国也没有几个人听过来自内部人士的真实经历。"

"看来美国政府给我们洗脑了"

2016 年 3 月，我受邀在美中人民友好协会夏威夷分会的年会

▲ 美中友协

上演讲，在檀香山中国城，来自夏威夷的商界、教育界、美军友好
人士出席。

讲课已轻车熟路、游刃有余，于是特意增加了调查问卷环节，
以便更多地搜集了解美国民众的对朝认识。

50 份调查问卷，多选题中 A、B、C 可供多选或单选，D 为开
放填空，可发表个人观点。问题和反馈分析如下：

一、此前对朝鲜的印象如何？

A.穷；B.独裁；C.共产主义政权

问卷结果分析：单选A、B的各占一小半，而全选的占多数。开放D栏中，有人写"领导人不值得信赖"、"神秘"、"疯狂"……

二、对此次演讲印象最深刻的是？

A.朝鲜人的日常生活；B.引起了我更多好奇和问题；C.改变了我的认识

问卷结果分析：全选，或单选A、B、C的各占三分之一。开放D栏中，有人写"朝鲜人民开始更多考虑自己的生活"，"朝鲜人生活也还算可以"

三、你认为联合国对朝鲜的新一轮制裁会有效吗？

A.可能会让朝鲜停止拥核；B.会影响普通百姓的生活，引发人道危机；C.不会，因为制裁对朝鲜从来没用

问卷结果分析：选择A、B、C的分别占12.5%、27.5%、60%

四、你认为美国会同朝鲜达成和平协议，同与古巴、伊朗一样修复关系吗？

A.没迹象没必要如此；B.取决于谁是下届美国总统；C.需要朝鲜先改变

问卷结果分析：选择 A、B、C 的分别占 10%、20%、36%，填写开放 D 栏的 34% 中，有人写"10 年之内"，"有生之年不会"，"通过自由经济贸易"，"必须不惜代价地避免战争"……

最后一次也是最高规格的演讲，是 4 月在东西方中心"中国论坛"。一些"大人物"诸如：美国亚太事务助理前国务卿詹姆斯·凯利，五角大楼前官员大卫等美国军方官员，夏威夷大学法学教授，律师，东西方中心学者等也来了。

我准备了朝鲜牡丹峰乐团的演出视频，在讲座后还回答了一系列来自专家学者们可以写篇论文的"大问题"。

印象深刻的问题有：

1. 中国国家领导人习近平怎么看待金正恩；

2. 为什么金正恩就不能公开表态，愿意加入国际社会大家庭，让朝鲜"正常"点怎么就那么难？

3. 你是否单独采访过朝鲜普通民众，如果有，他们是如何真情流露的？

4. 朝鲜人权状况，你是否去过他们的劳教所？

5. 为什么我们在西方媒体上看到的只是对朝鲜的抹黑。

有趣的是，在提问"西方媒体为什么只对朝鲜抹黑"时，听众的问题本身就包含了答案。

她说，"西方媒体用自己的价值观衡量他人，以西方民主、人权的道德尺度丈量，但西方媒体自身也是有选择性地报道，极尽妖魔化，你讲的、展示的这些，我们从来没在西方媒体上看到过。"

我点头认可，并补充说："朝鲜有自己的问题，但一个国家如同一个人，不会只有缺点一无是处。我提供的只是全部真实的另一部分，帮助外界客观平衡地看待这个封闭的国家。"

一位头发花白的美国大爷在讲座后向我走来，握着我的手说："你的演讲，让我大开眼界。看来美国政府给我们洗脑了（brainwashed）。"

"洗脑"这个词，西方媒体挖苦讽刺朝鲜时最常用，这位大爷突然换了主语和宾语，似乎是最强烈真挚的情感流露。美国大爷一把年纪了，还能在接触到不同观点时灵活变通，代表了多数美国人的思想开放（open-minded），不固执己见善于反思。在封闭的朝鲜，则很难轻易改变哪怕一点他们的观念，时常觉得难以对话。

《平壤故事》的翻译故事

听了我的讲座后，韩国女生哈娜私下找我交流，"白羽，你的分享解决了我很多疑问，但也让我生出了更多疑问。我还想和你分享下自己的小想法。"

哈娜悄悄对我说："关于统一，我个人看法是，南北不要统一为好"，她撅嘴伸伸舌头，继续说："为什么现在韩国总提统一？就是因为经济不景气、失业率高，'统一大发'好似统一之后韩国年轻人就能到北方经营、发大财似的。"哈娜皱起眉头，"但现在谈统一，真是为时过早。统一之后呢，保守的社会思想会让我们倒退落后。"

我和她聊到朝鲜的政体，"西方认为朝鲜是金家王朝，不可理解此般政权何以存续。但我认为可以从朝鲜半岛历史文化来看，并不难理解。韩国的家族企业也是子承父业，不是吗？三星、现代不都是家族传承吗？"

听了我这般解读，哈娜"豁然开朗"，不停点头同意，几乎惊呼起来："是啊是啊！我们都没有看到这一点。由此看来，统一也是有一定共同点和基础的呢！"我们都笑了。她告诉我说，这话题的深度，在韩国她一定不敢说。

印度大叔阿吉塔在讲座后单独找我聊天说，"还是没听够。你讲得很好，我要请你喝茶继续聊，想知道更多你自己的故事。""哈哈，其实我的书里都有写到呢"，我告诉他，他兴趣十足想要读。

对阅读我的书感兴趣的朋友还有韩裔美国女生索菲、国际政治系博士在读，我们上课时认识，十分投缘。"我的姥姥姥爷都来自平壤，他们是 1950 年战争时逃到韩国的。""我想翻译这本书！"索菲的兴奋是两眼放光的欣喜，她看到了这本书的价值，我看到了她作为与朝鲜有着血脉亲情二代移民的朝韩情结。

有了译者，接下来了解出版社。帕文项目负责人、传播学院加藤教授，提出带我们拜访夏威夷出版社主任迈克尔。迈克尔说，"我们通常出版中国政府指定的经典书目，如古典文化、哲学等，这样好从中方获得资金资助。但对于政治敏感的，还是不要找中方的好。"迈克尔思路清晰，建议单独约两位资深编委爱德华和罗杰以及孔子学院院长辛迪细谈，并提示我向中国中心联系出版赞助，他指着《我的平壤故事》封面说，"照片很赞"。

迈克尔所说的爱德华教授，是一位慈祥可爱的韩国历史专家，是东西方中心协会主席、前韩国研究中心主任，也是夏威夷大学出版社编委。爱德华·舒尔茨教授在听完讲座后，和我进行了长达半小时的对话。对我的两本书《朝鲜印象》和《我的平壤故事》十分感兴趣，表示希望可以在美国翻译出版，让更多的美国民众从另一个视角了解朝鲜。对我的朝鲜经历十分感兴趣，并将我推荐给韩国中心。

我又邮件联系孔子学院主任辛迪，到她办公室面谈。辛迪爽快地说："好。如果出版社确认说，（我们）翻译的书他们会出版，那汉办翻译没问题。""那么谁会来翻呢？"我问。她不假思索地说："那就我来翻了！"

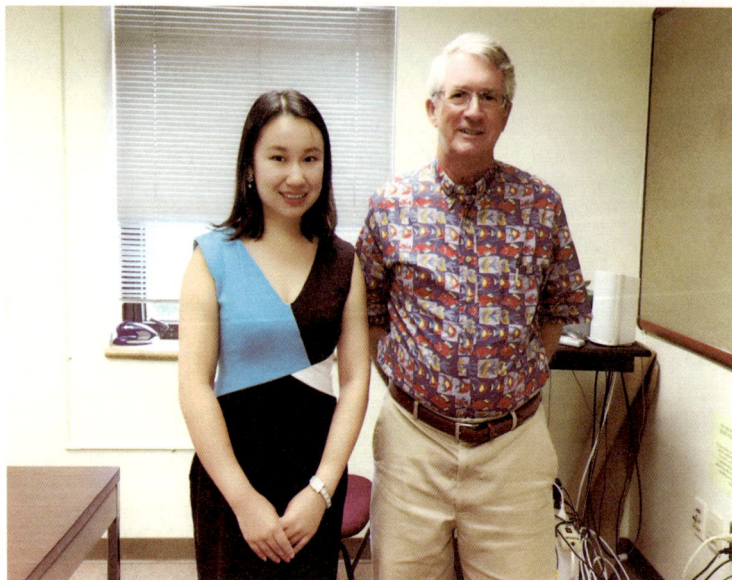

▲ with EWCA 主席舒尔茨教授

　　尽管各方都表示对书的兴趣和推进意愿，但数月过去，我并没有收到后续进展和回复。我就此事咨询了接待家庭，陈先生和郑先生听后，表情明显"无感"。他们对这个国家表示知之甚少，理性地告诉我说："你要想好你的读者群在哪里？""换句话说，一个从小把它的国民培养成将美国视为敌人的国家，如何让人对它有兴趣和好感呢？"我也不得不认同，或许这就是美国的"政治正确"。

02

给美国军人讲"一带一路"

一位八旬美国"中国通"盛情邀请我给他的学生——美国军人讲课。我该如何回复？

吉姆·柯客仁（James Coccoran）博士，白胡须大腹便便，慈祥可爱宛如圣诞老人化身。和柯客仁博士在"中国论坛"上相识，他对于中国国防白皮书的解读，客观平衡，是位友华派。

我们聊得很投缘。柯客仁博士1961年从西点军校毕业后，参加越南战争做上尉（队长），20世纪70年代在台湾生活了5年，学习中文；在夏威夷大学获得硕士和博士学位，博士论文在北大完成；目前在夏威夷太平洋大学任教，学生是美国退役军人或毕业后加入美军的"潜力兵"，讲授世界历史、东南亚国别史；在原东德、日本、印度、越南、印尼、孟加拉等国生活和工作多年。

我们互留了联系方式。果然，几天后我就接到柯客仁博士的邮件。竟然是封邀请函，他请我为他的学生做关于当代中国和我驻朝鲜记者经历的讲座。

我有些犹豫。第一时间想起此前接受的"保密"教育。面对美国大兵，我聊什么合适？但柯客仁博士盛情邀请，让我卸下防备和紧张：他的学生对中国很感兴趣，讲课内容和形式随我自由发挥。

"我和中国打交道了40年，我爱中国，希望把我对中国的看法传递给我的学生。"他说，"学生们在课上学了很多关于中国的知识，但还有很多不知道。希望你的讲座，能激发他们更多对中国的好感和兴趣。"如此热情真诚，我怎好拒绝。

我思考权衡后，决定接受邀请。回邮件向他咨询学生年龄、工作经历和学术兴趣，以便更好备课。他秒回邮件，做了全面介绍：学生多是国际关系、外交与军事研究、政治学的本科大四学生；其中三人是美国储备军官培训项目，毕业后将进入美陆军做军官；有些学生在学中文；学生们虽然足迹遍及亚洲、中东、美洲多国，但却没有一人去过中国。

夜访美太平洋空军总部

"非常感谢你，你的到来对我来说很重要。"柯客仁教授到东西方中心接我去给他的学生上课。本以为是10分钟车程即达的市中心校区，谁知他老人家一路开车驶向珍珠港方向。高速公路上，

▲ 在太平洋空军基地看军展

夕阳沉入夜色。

"我们这是去哪个校区？"我问，在车里看晚霞满天，高架桥切割黛色天际。"我们去美国太平洋空军总部。"教授平静地说。

我完全没料到……为即将进入美军基地感到紧张。脑海中已开始上演美剧情节……难怪，柯客仁教授此前让我带上有效证件，以防被抽查。

我迅速拿手机谷歌搜索关键词：珍珠港——希卡姆联合基地。

这是美国太平洋空军（PACAF）总部，担负美国太平洋司令部的空军职能，是美国空军两个海外一级司令部之一。（另一个是总部位于德国拉姆施泰因基地的美国驻欧洲空军。）太平洋空军管辖整个亚太地区，东起美国西海岸，西至非洲东海岸和阿拉伯半岛，覆盖半个地球，包括日本、韩国、夏威夷、阿拉斯加和关岛等约 44 个国家和地区。

进入军事基地大门，柯客仁博士让我准备好证件。一位荷枪、穿着制服的黑人警卫朝博士敬礼，一边打招呼："您好先生，怎么样？""你好，我很好，你呢？""我也很好"——普通美国人见面的打招呼寒暄。

警卫接过证件查看，"感谢你的安全保卫"，柯客仁教授说。警卫并没有抽查要我出示证件。入夜的空旷停机坪上，机翼轮廓层叠，稀疏有致的基地建筑在夜色里一片静穆。基地占地 2850 英亩，各类设施价值约 4.05 亿美元。

柯客仁教授介绍说：日本 1941 年突袭珍珠港时，也袭击了希卡姆军事设施，飞机轰炸和扫射基地设施，试图阻止美空军反击。基地遭受巨大破坏和损失，189 人死亡、303 人负伤。作为二战期间训练飞行员和组装飞机的中心，以及朝鲜战争和越南战争中太平洋空军的网络中心，被称作"美国跨越太平洋桥梁"。

夜色里，他向我指了指当年被袭的建筑，"弹壳和残骸，我们都保留了下来，铭记历史和教训。"车停在两座宽大的教学基地中间，我们走进教学楼。显然不是正门，走上楼梯，再乘电梯。一路上，学术探讨还在继续。

"不要说历史总是重复，而是人类没有从历史中吸取教训、重复错误"。柯客仁教授已经在和我课前预热，"我一辈子都在和战争、军事、核安全打交道，认为只要加强对彼此的了解和沟通，发生冲突和战争的可能性就将降低很多。"

调查问卷一对一

周五晚 7 点到 9 点半的课程，走近教室，第一眼就看到已在门口备好的茶点水果。"哇，我可没让学生们准备呢"，柯客仁教授满意地咧开白胡子微笑，朝我做耳语状说。

他开始做嘉宾介绍："白羽是中国国家通讯社新华社的记者，目前在东西方中心做访问学者，有请她来做中国当代社会和外交的讲座。"随后，我和学生们分别作了三句话自我介绍，他们当中不少人从阿富汗和伊拉克服役归来，或有在日本、韩国等国服役的履历。

讲台交给了我。

▲ 在太平洋空军基地看军展

我把讲座分三部分，"一带一路"话中国、问卷调查互动、朝鲜经历。我在介绍了"一带一路"这个中国热词的内涵后，播放了两段"分分钟读懂一带一路"的视频，从便利贸易、设施联通来具体举例，给学生们形象化的展示。

　　他们的表情告诉我，头一次听说。"美国对此事的态度如何？"学生问，我有备而来，说"当然，美国很清楚这事（笑声）。美国也有美国版的丝绸之路计划，我们希望得到美国的支持和合作，和所有有意参与的国家合作对接"。

　　美国军人学生对此兴趣很浓，纷纷发问，"现在有哪些项目启动？采取何种方式？"我一一作答。

　　问卷互动环节，我提前设计了10道难易程度不同的选择题，作为互动的话题参考。我将卷子逐一发到学生手中，"放心，这不是考试，只是把握一下大家对中国的了解。"我来到学生当中和他们一一交流，对他们的答案做具体解释。

　　一对一交流中，我发现学生对中国电影了解不多，有人列举出喜欢梁朝伟等明星，在中国电影选项中，他们最熟悉的还属李安获了奥斯卡最佳影片奖的《少年派的奇幻漂流》；流行文化中，一个美国学生用中文和我交流，"我喜欢《小苹果》，你不觉得很好玩搞笑吗？旋律一直在脑海中，无意识地就哼起来"。"我希望中国有更多有内涵的流行文化产品"；"中国国家主席夫人是著名的（　　）"。这道选择题，正答率是百分之九十，只有一人将"歌唱家"选为"学者"。

而对于中国海外奢侈品牌"买买买"的扫货现象，多数学生表示"没有听说"或"对他们和经济都有好处"，还有学生分享说："越南也一样，上层社会宁愿出几倍的价钱买美国出的新产品。"

通过问卷调查了解到，美国学生绝大多数通过美国媒体了解中国，三分之一会参考中国媒体，还有三分之一会选择看"独立媒体"或"更多"。

有趣的是，学生对中国"独生子女"和"全面放开二胎"政策都有较全面的了解，但他们脑海中中国人口的数字，竟然出奇地高，达到15亿！

我设计的最后一道问答题：你最想了解的话题是什么？一对一交流中，我回答了学生"中国的民族问题和民族政策"、"你怎么看中国和美国似乎必有冲突"、"作为美国人，到中国能找什么样的工作"、"中国是否也有社交网络"等问题。来美国后，我更清楚他们提问背后的逻辑和期待，更懂了回答技巧和问题关切。

互动：对我的好奇

"除了夏威夷，你还去过美国其他地方吗？"坐在后排的萨拉举手提问。单独交流时萨拉告诉我，她和丈夫计划明年暑假带孩子去中国旅行。

我说，去过美国本土一些城市。大学期间来美国交流，去过纽约、华盛顿、波士顿、宾夕法尼亚、洛杉矶和旧金山等地，"那是在 2008 年金融危机爆发前，一派盛景。"学生们点头示意，赞同"对夏威夷的了解并不代表对美国的了解"。

"你在夏威夷印象最深刻的是什么？"温迪问，她是一位教育咨询顾问。短暂的 3 分钟交流，她告诉我"曾在大学时学习新闻"、"丈夫在美军服务 25 年，7 年前在一次任务中意外牺牲"、"从来都是对比多家媒体看新闻——或许是作为记者的职业训练吧"，我们迅速拉近距离。

我的回答是，印象最深的是多元文化。这里的每一个人都是少数，但多元文化和谐共处，无论你是什么肤色、民族、宗教，无论你来自哪里，这里仿佛是世界和谐的范例和理想缩影。

"你打算出一本关于夏威夷的书吗？""我希望，也在写一些文章。但这里活动太多，和我当年在朝鲜没什么社交生活、有充足的时间写作相比，明显觉得时间不够用啊。"

还有更多关于"我怎样看待两岸关系发展"，以及"中美未来是否会发生冲突"的时政问题，我们边吃茶点边聊。柯客仁对他的学生们说，"你们今天来上课，真是赚大了。很少有人能在朝鲜生活，又是出了两本书的记者。"

关于朝鲜的展示，让美国学生"大开眼界"。他们问得最多的问题是：索尼影视公司拍的电影《采访》里说的是真的吗？普通朝鲜人月收入多少？他们对领袖的感情是真的吗？

"每次看到领袖都哭得稀里哗啦，这样的感情我不曾体会，但我父母却可以理解。"我说。"我可以理解，想想要是我能和迈克尔·杰克逊握手，我也绝对不舍得洗手的"，黑肤色的大兵凯恩说，他在阿富汗和伊拉克服过役。"一辈子不洗手吗？"我开玩笑。

"等下，这图是朝鲜？"我被一个个问号打断，当我展示出关于平壤衣食住行的照片时，美国学生还以为那是韩国。学生开始不举手就发表评论："真有点难以置信"、"你能随便想去哪就去哪吗？"

"当然不是想去哪就去哪。比如我不可以随意去军事基地，这在美国和中国或其他任何国家都一样吧？但我的确可以周末和同事、朋友开车去登山、去海边，不需要向朝方报告或被陪同。

讲座结束，我们合影留念，"告诉我这张照片什么时候会出现在你下一本书里"，一个男生开玩笑说。又一个女生送我一盒夏威夷果巧克力。

讲座结束已是晚上9点半，学生们把我围住，意犹未尽继续聊。"希望读到你书的英文翻译版"、"希望能得到您的签名"、"告诉我们，你对美国和朝鲜生活经历的感受和对比……"

第二天，我收到柯客仁教授的邮件，他说："我的学生非常喜欢你的讲座，你将他们对中国和朝鲜的学习提高到了非常有意义的高度。学生们非常喜欢你，对你的教学方法和能力，以及你的记者阅历印象十分深刻。你对朝鲜的展示，和你关于朝鲜的两本书，有效深化了学生们的认知和理解。我们希望和你在将来有更多的互动。"

03
选课记

所谓访问学者，就是可以不用写作业、不用参与小组课题展示、不用考试、不用签到、不用请假。这"五不用"，听起来很酷，可以随时翘课、想来就来想走就走。但我保持了自己一贯坚持到底的风格，不迟到不早退、被老师请到时发言、课后勤找老师单独请教讨论。

秋季学期从 8 月初开学到 12 月初，共 16 周。我们的选课由帕文项目提前选定，五门课分别是：美国与世界、微观经济学、媒体与社会、传播学、新闻学研讨。其中，美国与世界这门课的老师杰夫·特里普，是我们公认最会讲课、颜值高心灵美、批判思维和平衡观点兼备的完美教授。虽然是给本科生开的"通识"教育课，但他授课的深度和趣味兼备，极具启发性和人文关怀。这样的课又有谁舍得翘呢？

对于微观经济学，我们四人集体反应是：上了第一节课就没人愿意再继续"耽误时间"了。我于是选了同一时间段的宏观经济学，认为这对工作更有帮助。上了半学期，在浏览经济学院网站时，意外发现一个中国老师也同时开设了这门课，试听后觉得中国老师讲得更深入浅出。

或许是因为非母语者要想把西方经济理论讲清楚，需要自己无比明白才能表述清晰吧，我开始同时旁听两门宏观经济学课程。"不幸"发现，中国老师采用的，是可在网上免费下载的教材，而此前为了跟进前一位老师课程进度，我还按照规定，花100美元购买了他所规定教材的电子版！美国教科书实在太贵。

后来听说，往届很少有人在第一学期就有自选动作。其他三门专业课中，我退了传播学，另选了国际法，后者更是我的兴趣和专业方向。此外，我还非正式（未注册）地旁听了比较国际政治、货币政策、国际商务管理、风险管理等四门课。美国高校的本科生课程，一周两次或三次、研究生课一周一次。本科生低年级课程以老师讲授、作业和小测验为主，高年级加入小组成果展示，研

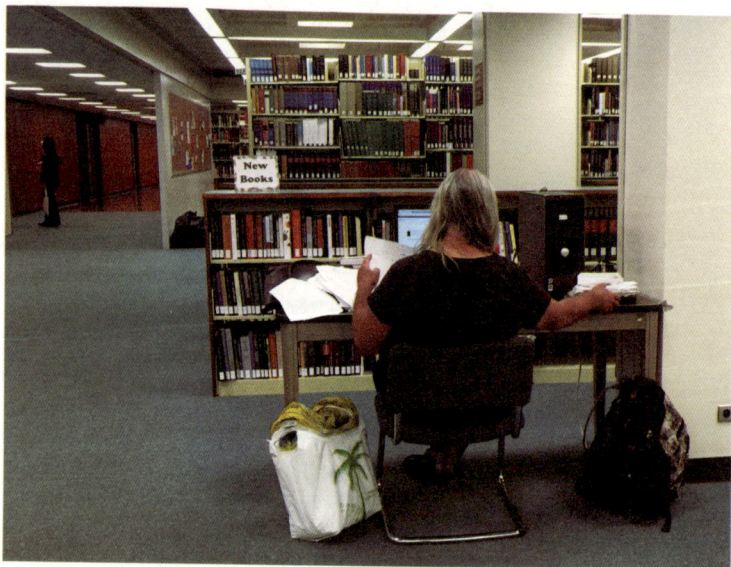

▲ 学校图书馆里总能看到这些爱学习的"破烂王"

究生课以课堂讨论发言和期末论文为主。

春季选课我想继续深入和拓展已知和未知的领域。联系了商法、政治与媒体、冲突解决与谈判、未来学、美国文化研究、美国宪法、金融与投资等几门课的任课教授，他们大多欣然回邮件，表示欢迎。

学校网站进入个人账号后，显示出选课目录，各专业和学院列出具体科目的时间地点和任课教师邮件。我也是上过大学选过课的人，犹记得当年在上外选课，必须通过学校图书馆登录内网选课地址、在一定时间段"选"规定的几门课。倒也没有什么"选择"余地，大概是外语专业的缘故，同班同学大学四年都是小班教学，我们当年既选不了其他语种的专业课，也没有类似于外语加经济、法律或新闻类的双学位。上外的特点在于，所有学生不分专业，都必须考过英语专业四级，通过后还可以报考专业八级。大四考英语专八，我竟考取了"良好"成绩（及格就发专八证），算是"货真价实"的英韩双语。

进入11月，我们开始选第二学年1月开学的春季学期课程。规定最少4门、最多6门课，专业不限，只要课程可供旁听、任课老师同意并在同意表上签字即可。

选出这些课并不容易，相当于要自己排课表：课程时间不能冲突、有些需要经过学院同意（比如商学院课程）、平衡阅读量和参与度、教授知名度等。因而，对课程题目感兴趣，还只是选课的第一步，接下来上该学院的网站查找教授的简历、课程概况（包括课程简介、教科书、课时安排等），再综合平衡。

我将签字表拿给美国研究的大家——大卫·施丹德（David Shi Tankard）教授，他回复邮件时说"这是一门新开的创意课，还没有课程概况"。他明确告诉我说："你可能不会喜欢这门课，因为我没有规定书目，而是对一个议题让学生自己找阅读材料，拿到

从宿舍楼远眺后山的方向，每天都有彩虹

课堂上分享。"我当然开心了，要知道，美国大学规定阅读量往往较大，几十页的书我都能读上三四个小时。而如果自己选择阅读的话，通常网上搜索深度新闻类的文章，一小时就能了解个概况，自己安排进度又有何难？

"还有，也许这话说得早了点。我希望你们能尽量全程参与课堂，包括讨论。虽然你们不拿成绩，但保持参与很重要。"这名教授的严格要求，正如他学术的严谨。我表示："对您久仰大名，下学期期待在您的指导下探索更多。"

收集教授签名是第二步。我早就对法学院的课程感兴趣，一来法律是美国之所以领先世界的社会逻辑，二来法学院同医学院和商学院类似，作为专门学院，学费昂贵、专业性强。我按照"常规动作"，给法学院的任课老师和行政秘书发了邮件后，得到回复：虽然任课老师 OK，但他们说了不算，必须按照严格的旁听程序、按照学分缴纳学费才可旁听。而帕文项目的秘书告诉我说：如此操作不容易，"法学院的课不好选"。

所以我的疑问是，法学院果然是美国的精英教育吗？来自亚利桑那州的蒂姆已经有了一个法学硕士学位，现在在夏威夷大学读地理硕士（嗯，美国人读两个硕士的人也不少）。他说，"JD（美国三年的律师职业学位）太贵了，又没奖学金，读不起"。尽管他的父亲和哥哥都是律师，但他没有利用家人已有的人脉或资助，而是选择来夏威夷读一个边做助教（奖学金的一种）边通过学地理实

▲ 东西方中心宿舍楼，朝海的方向，眺望市区和校园

现他"帮助原住民"的职业规划。

也见过爽快的，商业法的生活如开设商业法课程。迪恩·考斯特教授。"我签字没问题，最后要看学院意见了。希望下学期在课堂上见到你！"他和我握了握手，金色长辫从手臂划过。

作为东西方中心的成员，我经常参加一些会议和讲座。在法学院和韩国方面在东西方中心联合举办的关于国际海洋法和海洋政策的会议上，我认识了主办方、法学院国际海洋法的教授雪利·布洛克（Sherry Block）。她给了我参会和提问的机会，还欢迎我听她教的国际海洋法。没有那么多"规矩"，布洛克教授没有拿学院规定"我说了不算"来推托，爽快地在同意表上签了名。"我们下学期见！"

总统拍着我的肩膀说："兄弟，你有得忙了"

东西方中心由美国国会于 1960 年建立，是旨在加强美国与亚洲和太平洋国家的理解和关系，促进东西方文化和科技交流的教育和研究机构。

东西方中心时不时会有一些名人前来演讲，比如前国务卿希拉里·克林顿、约翰·克里等都曾到此做演讲，当然，演讲内容多与美国重返亚太战略相关，提出美国和亚太对彼此的重要性。我在访学期间没能碰上特别的大人物，大大小小的论坛讲座倒是每周都不少参加。印象深刻的还是美国驻印度大使的一场讲座。

"印度，作为亚洲第二个沉睡的巨人，已日渐崛起，过去几年的发展，体现了印度重拾全球大国历史地位的决心"，美国驻印度大使理查德·维尔玛（Richard Vilma）在东西方中心演讲时说，印度领导人已明示决心将"传统不结盟和战略自治"抛于身后，印度将成为一个"领导大国"。

维尔玛是首位印度裔的驻印美国大使，这是他首次来到夏威夷，会见美太平洋指挥中心的军方官员，并应邀在东西方中心做演讲，多国智库界人士出席。

印度总理莫迪自 2014 年 5 月执政以来，印度和美国关系迅速拉近、升温。"我们现在有 30 多个工作组在包括健康、能源等 80 多个领域展开合作，"奥巴马总统在 2015 年 1 月访印时，拍着我的肩膀说，"兄弟，你现在有的忙了"。维尔玛在上任九个月内，见证和助力美印关系新发展。

"过去 9 个月，我奔走在印度各地，从东到西从南到北，从城市到村庄，走了 25 趟。我还去祖母生活过的村庄，回到妈妈出生、爸爸上学的村庄，他们和我 1974 年第一次看到的大不一样，"维尔玛说，"我的故事，既是美国故事，也是印度故事。"

"当年就是因为我爸爸拿到了美国的奖学金，从此改变了我们家庭的轨迹"，他说，很高兴看到 2015 年申请来美国读书的印度学生数字比去年（2014 年）提高了 40%，达到 13 万名，也希望有更多的美国学生到印度学习，助力美印伙伴关系创新方案。

维尔玛首先对美印关系定位，称美印的战略伙伴关系将非同于 20 世纪的地缘战略同盟。并不局限于地球一隅，两国将致力于树立全球体系和太空空间。用印度总理莫迪的话说，印美关系的承诺将使两国"可以为世界做事"。

"当然，美印战略伙伴关系将抛锚于亚洲"。但美印双边关系内涵广泛。从火星计划到未来开发，多元模式的网络治理，产业、学术界和监管者通力合作。"美国支持印度的崛起，支持印度成为安理会常任理事国和亚太经合组织（APEC）会员国。"

校园草坪

美印将会是一对真正的"21世纪的天然同盟"关系，合作从网络空间、全球热点问题，到外太空和人类基因等诸多领域，维尔玛说，以东西方中心主办的美印东亚磋商、美印日三方会谈为例。

"我见证了过去几个月里美印军事关系的转型。就在几年前，双方军队还很少交流，互相猜疑。但破除历史障碍，我们看到双方正在军事训练、演习方面的合作加强，以及向印度销售先进武器系统的增长。"美印的国防工业体系在军事新科技的共同生产，建立美印航母科技的联合工作组。

东西方中心主席查尔斯在主持问答环节时说："美印战略对话已经升级到了战略与商务对话，但比起中美，既有战略与经济对话，还有人文交流高层磋商，美印似乎还少了一环。"

维尔玛点头笑答："是的，这就是我来东西方中心的原因。"

那么，印度是否成为美国在亚洲制约中国的力量？是否在某种程度上有意针对中国？

维尔玛说，将印度看作是中国对手是错误的战略评估。中印两国的历史表明没有"不可避免"的竞争，事实上印度和中国有很长历史时期的文化"互相授粉"与和平共处。"我想不到还有其他像中国和印度这样，两个互为邻居的全球大国鲜有冲突共处千年的更好例证。"美印关系绝对不针对第三国，而是承诺共同向世界提供更多。

我向维尔玛提问道：中美和印美关系均着眼于全球和地区安全与发展，有许多共同之处，是否可以考虑在一些领域加强中美印三方合作？

维尔玛说："这是好主意。中国驻印度大使（乐玉成）和我就美中印三方合作进行了沟通，我们的确有很多值得共同合作的领域，我们拭目以待。"

作为佛教发源地和伊斯兰教苏菲派的历史中心，印度的文化影响从东南亚到蒙古、到中亚。维尔玛说："印度将弥补逝去的时间。"多民族民主已经成为印度国家意识的核心，从这点可以说印度或许是第一个21世纪的国家。1947年以后，接受甘地理想和方法训练的自由骑士，包括在印度的甘地的伙伴、同事，帮助美国接受自身对待历史的不公平并提供和解，保证了美国后冷战时期的繁荣和影响。"

印度有世界上最多和最活跃的社交媒体用户群。印度创新成为最成功和丰富多产的专利申请者，印度公司吸引高学历、说英语的劳动力，深入融入全球商业过程。印度的公民社会活跃着成千上万的非政府组织（NGO），正在影响政府政策和预算。

"没有比美印共同应对气候变化这样更能影响未来的全球挑战的了"，维尔玛说，我并非是想掩盖在该问题上我们处理方式的差异，但两国政府有责任找到共同点。

04

古巴裔神女讲师

周五是我最开心的一天，可以从上午到晚上都听到自己最喜欢教授的课。国际商业管理，第一天就被授课教授克里斯汀丰富的阅历和学识深深折服，她曾在俄罗斯、瑞士、美国华盛顿等地做跨国公司培训、政府决策咨询等工作。她随手拈来跨文化的交际故事、跨国管理的生动举例，浅显可感。

每次上课都是行云流水般的视觉听觉享受。一袭连衣裙，粉紫色、蓝绿色、黄橙色、黑白色，搭配同样色系的发带和手包，略有灰白的栗色长发及腰，在夏威夷少见的典雅打扮和她干练的手势仪态，每个动作都恰如其分，每个表情都传递出文化底蕴，有着非典型美国人的优雅。

看看克里斯汀的课表：每周三、周五，上午 10 点半开始上第一节，12 点第二节课，下午 1 点半开始第三节课，再到 3 点第四节课，从上午 10 点半到下午近 5 点，连续不停讲六七个小时，始终精神饱满，没见她坐下休息过。每节课中间休息 15 分钟，她仍然极有耐心地回答学生的问题。

她认真地对待我这个连作业和考试都不需做的访学旁听生，我发电子邮件咨询可否也旁听她的其他课，她第一时间回复邮件，语态让我感动，连口吻都读得出来："亲爱的 Rainey，非常欢迎你来访学。我的课你可以随时来听。有些教室有可能椅子不够坐，没关系。我站着讲课，讲台上的椅子可以给你坐。有任何问题，可随时给我发邮件联系。"电子邮件读得我暖融融，仿佛你是她最关照的学生。

"我二十几岁时，保持着一个让自己无比充实忙碌的节奏，曾经一年飞了 32 个国家，几年拿了几个硕士学位。但直到后来静下心来读博士，开始更注重内心的状态。"看来她精力旺盛，由来已久。这是克里斯汀在讲美国人的"动文化"，和尼泊尔、不丹、中国西藏的"静"文化时的举例。

她说父亲是古巴人，不好意思自己的姓都是西语，却只会几个西语单词。耸肩，瘪嘴，"不得不承认，我真没有语言天赋"，但她却有着对不同文化差异的强大感知力和包容力。

克里斯汀的课上，以不同文化背景国家谈判的案例进行分析。在世界范围内，其实并不是简单的东方、西方的划分，而是国别划分。克里斯汀对 G·霍夫斯坦德（G Hobbs Santander）文化维度的讲解，是我上过的最棒的跨文化导论课。

文化大师霍夫斯坦德曾主管 IBM 欧洲分公司的人事，专著《文化的后果》（*Culture's Cousequeaces*）、《文化与主题：思想的远见》、《跨越合作的障碍 多元文化与管理》，奠定了他在跨文化理论领域的权威地位，他的文化六维理论在世界范围广泛应用。文化差异的六个维度分别是：权力距离（Power distance）；个人主义（Individualism）和集体主义（Collectivism）；男性主义（Masculinity）和女性主义（Femininity）；不确定性规避（Uncertainty Avoidance）；长期取向（Long-term orientation）和短期取向（Short-term orientation）；放纵（Indulgence）和克制（Restraint）。

她先设计了一个谈判案例，让学生们分组分角色模拟谈判，应用这些维度来理解对方的言行，在有分歧的情境下尝试妥协、达成共识。学生们参与了激烈的争论和角色转换，理解了这些维度的文化现象。克里斯汀说：在谈判快达成而未成的最后时刻，也是神经最紧绷压力最大的时刻，此时人的文化本性更容易暴露，谈判更容易破裂。这也是为什么让大家先模拟情境，再交流讨论的原因。

我曾在上外读书旁听过研究生的跨文化专业课，对这些理论充满了兴趣。这些年的工作阅历，让我有了更深的跨文化理解力，也总有更多问题待解。按照克里斯汀推荐的网站，我发现利用定性与定量相结合的方法，可以对任何一个陌生国家，迅速了解其基本社会文化，不会遭遇太大文化冲击。比如个人主义与集体主义维度上，美国个人主义指数为91，中国20，韩国18，数据对典型个人主义和集体主义国家的形象展示清晰。网站上还会对参照国家的六项维度做解释，形象易懂。这是授之以渔、随即可上手应用的好方法。

克里斯汀在课堂上喜欢邀请我来互动，对我的问题和举例，做出更精准的点评。她说对于男性化与女性化（Masculinity vs. Femininity），她更愿意将其理解为，"数量"和"质量"，而我更愿意将它的中文翻译为"刚毅性"与"温柔性"。

日本是最"刚毅"的国家之一，指数高达96，邻国韩国才39，属于"温柔"型。"男子气概"在日本文化中，表现在对生产制造的卓越和臻于完美（德国、瑞士的"刚毅"也有相似表现），服务业追求精细。日本公司盛产加班"工作狂"也是"刚毅性"表现之一，因此日本女性很难爬上高层。

典型的"刚毅"国家有阿拉伯国家、德国、意大利、日本、墨西哥、瑞士等，典型特点是：有区分的性别角色，"生活是为了工作"，抱负和权力受重视，女人应该温柔、被照顾，父亲管事，母亲负责感情。

克里斯汀说，有意思的是，和日本文化的集体主义相结合，人们很少看到"武断"、竞争性的个人行为，表现出来的是激烈的团队竞争。从幼儿园开始，小孩子就要学会和对手（通常是红队对白队）在体育运动中竞争。

学生们纷纷自由举例。来自墨西哥的学生说，墨西哥男人喜欢女人把饭端到嘴边来，女人做家务天经地义。去过阿拉伯国家的学生说，男性地位高的另一方面，是社会认为男性对女性有保护责任。没错，我也举手说，和埃及朋友吃饭，埃及男生从来不会让女生买单，土耳其男生也会乐意提出陪女生上街，做"护花"使者。

而"女性化"或"温柔性"的国家以北欧的瑞典、丹麦、挪威为代表，他们同情弱者，"工作是为了生活"，男女都可以受照顾、都可以是弱者。

我举例说，我的瑞典好朋友，是位高学历高智商的女外交官，"娶"了一个帅气的伊朗老公，陪她驻外随任，两人都接受这种男负责哄女主开心、女赚钱养家的模式。她说，瑞典人从不认为男生就一定要比女生强，她的爸妈也不认为女儿没"嫁"好，为女儿

"娶"得满意而高兴。

在探讨不确定因素规避（Uncertainty avoidance）时，同为亚洲的中国和日本，在这一维度上显示出巨大的文化差异性。日本不确定性规避指数高达 92，美国 46，中国才 30。

拥有日本血统的美国学生珍妮说，由于日本经常遭到地震、海啸、台风、火山喷发等自然灾害的侵袭，极端生存条件让日本人养成了未雨绸缪、为一切情境做好预案的习惯，这种习惯渗透到社会生活的方方面面。在日本做任何事都考虑到了最大最远的可能和预见性。

珍妮说，她从美国到日本，本来以为回到了"家"，却发现日本的很多"条例"和"条理"让她觉得陌生。从摇篮到坟墓，日本人一生中有许多"仪式"和典礼，婚礼和葬礼等重要社会仪式，对穿着和举止都有细致的要求，这些在礼仪书里写得清清楚楚。再比如日本全国各地学校的开学和毕业典礼都一样。让日本发生变化其实很难。

我补充道，在日本工作久了的同事朋友说，回到国内就变"傻"了，有点生活不能自理，因为他们在各方面实在想得太周全了。相反，中国的很多人对模糊的容忍很宽容，表现在适应力强、有创新精神。中国人对"模糊"不会觉得不舒服，遵守法律和规章可以根据实际情况来处理，秉持实用主义的生活态度。中文也有许多模糊的表述，比如，"一会儿到"，"马上到"，"很快到"

等，让西方人难以捉摸。

克里斯汀总结说，指数为 46 的美国在科技、商业领域，对新想法、尝试不同事物的意愿和想法接受和容忍度高，也没有那么多规矩。相反，在日本公司里，大量时间和精力都用在可行性研究上，任何项目上马前都要研究其可能的风险。管理者要看到具体细节和数字，才会做决定，两对"不确定性"的容忍度差异很大。

克里斯汀语速快，课堂互动参与度强，随时指出团队展示中的要点，提出问题让学生深入思考探讨。她说，想做一个好的商务写手和谈判高手，"在课堂上犯错，工作中就不怕犯错。你们要为未来做好准备"。

对于权力距离、长期性和短期性等维度，我还有问题。课间短暂，我对占用她休息时间于心不忍。克里斯汀每次都是聆听状，告诉我没关系，"你如果还有问题，我可以下周上课前早点来教室"。

05

"骨头是你的，肉是我的"

"猜猜我是哪人？"国际法的第一堂课，满头银发，穿着 T 恤、短裤，中东人模样的老教授提问，口音并非地道美语。

有学生说中东，有人说埃及、以色列。他摇头，轻描淡写一句"我来自挪威"，学生唏嘘一片，嚷嚷道：不可能（No way）。

"看，这就是你们每个人都不可避免的偏见和刻板印象。"他说自己如果不刮胡子，机场里过安检一定会被扣下盘查。如果刮了胡子，会被尊敬对待，问他"是不是教授？"。他在讲台踱来踱去，用浅显例证告诉每一个人，无论你们每个人承认或不承认，都带有"偏见"。

第一堂课，他坚持说自己来自挪威。我觉得他是一个有故事、有意思的人，于是发邮件给他，决定听他的课。

这位来自土耳其的库尔德裔美国教授松库，第二节课向同学们介绍我："我们还有远道而来的客人，有请 Rainey 做自我介绍"。

▲ 全世界各地的学者、学生来到东西方中心

我和大家打招呼说，我是来自中国的记者、在夏威夷大学和东西方中心做访问学者的 Baiyu，英文名是 Rainey，很高兴和大家一起学习交流。松库日后上课只要提到我，都称呼"我们的中国朋友"，邀请我发言。

松库说自己刚来美国的时候，一句英语也不会说，但坚持读到博士，当上教授。"后来不也是用英语发表著作，用你们的母语给你们讲课吗？我说这些不是在你们面前自我吹嘘，而是告诉你们要掌握好自己的语言"，松库劝教学生。他从土耳其大学毕业后来到美国，就再也没有回去过。

"我现在每天都还要学五六个新英语单词，想着如何活学活用"。而他最喜欢做的事情之一，就是说出一个英文学术词汇，让美国学生说出单词的含义，十有八九，没人能准确说出。

聆听松库教授用他们还带着母语口音但却不需思考就脱口而出繁复的、包含多重逻辑和精准学术词汇的长句，我感到和他之间，有成百上千本书的差距。

松库要求严格，学生听课不许犯困，谁困了就自觉坐到教室右后方的墙角"睡觉角"，省得打扰其他学生，影响他授课心情。他发现学生上课看电脑似乎走了神，甚至两度"全面禁止"用电脑做笔记，还劝退一个浏览网页分神的学生，厉声说："如果你认为这门课没有帮助，请退课离开教室。"所有人将目光投向他怒视的角落，一个人高马大的男生只辩解了一句，最终不得不在他如炬的眼神中，背起书包从后门离开。

严厉过后又苦口婆心，松库劝学生好好读书。"你们太把这一切不当回事了，要知道，坐在这里读书是你们享有的特权。你们要为自己的未来负责。"

你们知道吗，在土耳其，我母亲把我送到学校的第一天，就对老师说"这孩子的肉是你的，骨头是我的"，美国学生惊叫，这是"只要不打断骨头的意思吗？"。他的教学方法，显然不是西方式的松弛。"我在澳大利亚的工资是现在的两倍，但我不喜欢处理一些行政工作。我喜欢教学，因为你们才是未来。"

国际法的课结束后，我和松库穿过草地，走向另一座教学楼，赶下一节比较政治的课。我充分利用这 10 分钟的课间，向他单独请教探讨。关于国际法课上讲到的保护土著人权益的概念，我说，中国人没有土著的概念，中国人说少数民族，而不说土著，两者概念如何区分？

松库听后，笑着对我说，打个或许不恰当的比方，"说中国没有土著，就好像伊朗总统（内贾德）说伊朗没有同性恋一样"，"indegenous"（土著）是科学和客观的，是不以你的意志为转移的客观事实。

我争辩说，不是中国政府说没有"土著"，涉及政治考量，而是随便问一个中国人，农民、工人、商人，中国有土著吗？答案都是没有，但中国人都有"少数民族"的概念，二者有什么关系呢？

作为国际新闻工作者，我认识到，需要准确翻译"Indegenous people"这类英文词的内涵。用西方话语体系里的"土著"，中国在少数民族议题上如何发声？或许台湾将"indegenous"翻译为"原住民"，更为恰当。

国际比较政治课，松库教授让大家订阅《纽约时报》，关注国际版，课堂测验作为平时成绩。学生随意对任何时政热点提问，他都能言简意赅地为你理出事件背后的核心逻辑。不学究，很真情。

当"伊斯兰国"毁掉叙利亚巴尔米拉（又名台德穆尔）古文物和建筑后，我当时就想买机票，到前线和他们作战——但我妻子提醒我，"别忘了，你还有两个孩子"。"可见我的愤怒，足以让我失去理智和奋不顾身。"

"很多伊斯兰教徒自己都不知道自己的历史"，松库始终强调。他博士论文写的是移民问题，我从图书馆借来他写的书来读，《陌生人和国家》（*Strangers and states*）、《伊斯兰和全球化》（*Islam and Globalization*）。读着书中繁复的学术词汇和缜密的逻辑，我看到一部通过读书改变命运、拼搏实现美国梦的个人奋斗史。

他说 1994 年他写博士论文期间，正是卢旺达大屠杀发生的 4 月，两个月内，每天全世界都在看电视里的种族大屠杀的新闻，美国、联合国态度消极，眼睁睁看着胡图族对图西族进行种族灭绝，而几乎袖手旁观。"因为他们认为黑人的命不值得介入，因为在那里没有利益"。他一语道破赤裸真相。

那些从前在书本里看到的理论和现实的残酷，"现在这个世界越来越让人读不懂了"，作为学了一辈子国际关系的学者，他面对未来世界，坦言无奈又无知。我将自己的半瓶水倒空，接受此前未曾考虑的思想。

课堂上，松库常喜欢做一些民意小测验，比如："如果你想要出生在另外一个国家，你想出生在哪里？"学生的答案，一半是美国人，有几个学生说德国、英国，他们讲出各自的理由。

"记住，我之所以批判美国，正因为我是美国公民，公民身份是我奋斗得来的，我骄傲我是美国人。"他说得坦荡荡的。

06 /

遗愿清单，走趟丝绸之路

一次在学校图书馆自习，身边突然悄悄出现一个威武高大的身影，轻声用韩语向我打招呼问候。一回头，竟然是杰夫·特里普教授！

我用韩语回话，一个中国人，一个美国人，却讲起韩语，这是后话。学生被老师看到在用功的心理，第一反应是心里甜，偷着乐。何况是我最喜欢的教授主动和我打招呼。

特里普 40 岁上下，总是一身商务休闲装，长袖长裤，衬衫卷起半袖。板寸微长，搭配上运动鞋和双肩包，在学生群里画风很美——颜值高，学识广，他每堂授课，都有着对人性和良心的反思。

特里普在韩国生活了 6 年，开始时教英语，后来越来越对韩国文化和历史感兴趣，娶了韩国夫人，博士论文写的是朝韩非军事地带，我们专业背景和兴趣正好对接，因此有很多关于朝韩的深入探讨。

▲ 特里普教授在授课

▲ 新华社在夏威夷大学的丝绸之路图片展 1

▲ 新华社在夏威夷大学的丝绸之路图片展 2

　　被他发现那会儿，我正在看他《美国与世界》课上布置的阅读
文章。切换回英语，我小声向他询问笔记里的问题。学生时代养
成的习惯，见到老师总有问题。或许这也是做记者一问一世界的
宿命吧。

巧合的是，大厅里正在展出新华社和夏威夷大学中国中心联合展出的"一带一路丝路中国"图片展，我带他边走边看，介绍这些由我的同事拍的图片，向特里普教授宣扬"一带一路"。他足够博学，即便如此，竟然也是第一次听说这个在国内热得发烫的时髦词。

"嗯，有意思，我有兴趣了解更多。我会建议学生都抽时间来看看图片展。你知道吗，在我'死前最想干事情清单'（Bucket List）中，就有走一趟丝绸之路。"

遗愿清单？说得这么壮烈，搞得丝绸之路多么艰险困苦似的。他说自己"没钱没时间"，但这辈子一定想走一趟丝绸之路。

我告诉他，如今国内研讨会遍地开花，申请一个科研项目并不难，"你连朝鲜都去过，丝绸之路就更容易了，'一带一路'是开放的，美国学者对此有兴趣，怎有不欢迎的道理？"

特里普关于朝韩非军事地带的书，写到他分别从朝鲜和韩国两侧，来到板门店参观访问的所见所感，"太多政治符号值得解读了"。他说书很快就会面世了，但以其一贯的谦虚严谨，对我说"还有变数"，出版后一定拿给我看。

他每堂课都蕴含着对人性和良心的反思。他授课既幽默又严谨，东亚研究硕士和美国研究博士的学术背景，将全球政治、历史、文化纵横捭阖，逻辑严密、深入浅出。专题讲座课程形式信息量大，激发我不断思考和发问。

他深入浅出地带我们批判性地思考美国历史：近乎大屠杀的美洲新大陆"被发现"从"无法赢得"的越战到师出无名并深陷伊拉克战争泥潭，从"好邻居"到"遏制"的战后美国拉美政策、冷战时期的实际热战……

喜爱一个老师的授课风格，是因为很大程度上你认可他的价值观和学术观点。特里普的课，让我感受到他的同理心和慈悲情怀，反对以强凌弱却又不愤世嫉俗，批判弱肉强食却不虚无厌世，他的进取与反思精神，是我欣赏和赞同的。

我在课后经常和特里普教授交流，他具有非典型美国人的气质，不傲慢自大。他谦虚礼貌，隐约感受到学习韩语对他言行的影响。我和同学笑言，这一定是他韩国夫人调教得好。

他隔周三的电影放映，挑选经典的纪录片，如古巴导弹危机时，肯尼迪政府以积极斡旋的姿态，避免了一场濒临爆发边缘的核战，剑拔弩张的危机时刻，是现在的美国孩子难以想象的。

看完非法跨越美国边境电影《Who is Dayani Crystal》，中美洲难民之殇，他真情流露，"我现在唯一想做的就是赶紧回家看我的孩子"。父爱爆棚的特里普，几乎每一两节课都会提起他的儿子。比起普通美国人，特里普的家庭观念尤其强，欣赏并内化了韩国重视家庭的文化传统。东西方文化融合的典范，似乎就是这位博古通今、知己（西）知彼（东），能够换位思考的年轻学者了。

漫长的一堂课，看雨

夏威夷的雨，很像它的地名。

夏——威——夷，下——大——雨。

夏威夷，几乎一年四季都是夏天，12 月、1 月时人们习惯说"冬季"了，也是由于它北半球的位置。嘴上说着冬季，身上却是短裤长裙，周边满是叶绿花艳。

12 月份是雨季，每天都下雨，大多是太阳雨，空中有云，也不知从哪朵下来，飘洒一会儿。也有过几场持续时间很长的雨。圣诞节的第二天，雨又下起，午饭后，天空布满乌云。从天象上看，这场雨和平时的不大一样，整个天空乌云密布，天际没有亮光，这场雨似乎大有来头。

那就看雨吧。我坐在窗前，高大的榕树，零散的互不搭界的几座小高层，钻石头山就在楼房上面"卧着"，远处，就是市区林林总总的高楼大厦，作雨幕的大背景。

▲ 山谷彩虹

看着雨，明显地感到自己的身心松弛下来。夏威夷的雨，紧而不张，大而不注。悠闲而又透着认真。我说认真，是雨中有种认真的仪态。雨小时，那么温顺，有种行走路上休整一下的意思，接着又来一阵大的，但不嘈杂。凡事不嘈杂，就透出了认真。

我不知道这场雨要下多久，到何时结束。但我对自己说，奉陪到底，下半天看半天，一天就看一天。它不收场我不下课。这堂课就是看雨。

渐渐地，我感到雨将我和现代城市隔开了。一道道雨幕，隔断了远处的建筑物，我只看到雨的本身，就好像看到了它的本质。它不像城市的雨，匆匆过客，大雨浇来，有种报复性；也不似乡村的雨，让你总联想到庄稼，收成，农家人的辛苦或喜悦，从而雨就被赋予了一种生活的注脚。

大约过去了一个小时，我的时间概念已渐模糊。雨幕一层层，不像江南的烟雨蒙蒙，是雨，没有烟，一层层将我推向深处。我感到，我的房间，我的人，不再是与建筑物，而是与现代社会隔得很远，一层，又一层。

我来到了没有人烟的地方。

雨继续下着，已经有两个小时了。下吧，下多久，我就坐在窗前看多久。

我被推向雨幕深处，大概是夏威夷的"夷"字。荒夷之地的作用，我恍惚看到远古的雨，或者说，这雨从远古起来。它就这样落了万年，千年，一层层地走来。那么自在，自足。它就是这里的主角。人类只不过是才来不久的客人。

五个小时后，下午六点，天空发生了变化。先是乌云某个地方薄了，一片片，继而一缕缕，漏了点天缝。短短几分钟，厚重分成几大块向西移动，同时，从东方推出白云，很快。

天，晴了。

鸟，叫了。

雨，走了。

PART 4 肆

彩虹天堂

自由潜：来一次灵魂的远眺

想知道电影《碟中谍 5》里，汤姆·克鲁斯是如何屏住呼吸下潜到 40 米的吗？答案就是自由潜。阿汤哥为剧情需要，专门在开曼群岛接受了 192 小时的专业自由潜训练。

同携带氧气瓶的水肺潜水（Scuba）不同，自由潜是通过自身肺活量调节呼吸，全凭一口气，潜入深海，尽量完成更深更长时间的潜水运动。

意大利自由潜水家恩贝托·皮里兹说："自由潜水是进入另一个世界，没有重力、没有颜色、没有声音，是一次进入灵魂的远眺。"

听见自己的心跳，感受如昙花一现般，短暂而美好，安宁又纯粹。忍受高浓度二氧化碳带来的呼吸渴望，适应高频次的横膈膜抽动，这种常人无法理解的自制过程，据说能让你摆脱陆地和机械的束缚，在海底拥抱真正的自由。

陆地海洋双料冠军：在自己的身体上做实验

初见文婕前，夏威夷的江（海）湖（洋）上早流传着她的传说——海洋和陆地的双料冠军。陆文婕北大毕业后到美国本土读硕。因为喜欢潜水，来到夏威夷。在夏威夷大学获得了临床药理学和基因药理学的博士学位，如今成为中国自由潜新纪录创造者。

她拥有比小麦色还要深的夏威夷日光肤色，文婕脸上那条黑白分明的镜痕，让人过目不忘，她完全不介意地笑着说："这是我的职业骄傲。"

"自由潜是我的 new passion"，文婕用英文给美国学生授课时说。她的学生中，有来自英国、美国、澳大利亚的冲浪高手、水手，除了我之外的另外四名学员，还都是水肺潜水者。文婕用流利的专业英文授课，讲述她自己从药理学博士，逐渐向职业自由潜运动员转变的人生轨迹，"最热烈的追求才刚刚开始"。文婕是亚

OceanLover
Since 1849
— POSTERLABS —

学潜水

▲ 潜水追鱼

洲第一位 PFI 国际自由潜水教练，也是整个亚太区唯一的自由潜教练，夏威夷岛上有名的 Jessea。

海底，是三分之一的世界。说"体验式采访"也好，对深蓝有无限的向往也好，在你入门前，所有的传说都有待证实。3 月中旬，连着几日大风天，陆地上人都凌乱了，出海更是颠簸翻滚。

尽管已经报了名要学，但设备买不买还是个问题。不确定怎么背回国，不确定以后是否还有机会再用。但自由潜的装备是专业而小众的，并不像水肺潜可以有潜水店提供租借。

"不买湿衣会冷，不买面镜会眼疼，不买吸管更是无法呼吸，不买脚蹼完不成规定动作"，几番纠结之后，还是下决心买了所有装备：湿衣、小容量面镜、呼吸管、长脚蹼、加厚袜，花了约 400 美金。

泳池训练环节中，我的水下静态闭气最好成绩是 2 分 17 秒，比要求达到的一分半多出 47 秒。海洋训练环节，Hawaii Kai 风高浪急。第一次尝试下潜到 10 米，但心里慌张，不敢停留，慌忙踢腿浮上水面。

不熟悉的风浪环境，不熟悉的闭气方式，不熟悉的入水姿势。下一秒，充满未知与恐惧。入水前，浮力球上的绳子缠到面罩，差点失控，紧张得要死。

"你知道你可以，你知道另一扇门就在前面"，陆文婕鼓励我说。

第一天训练完的夜晚，已分不清梦境和现实，整晚仿佛都还在踢腿、摇晃、水中救援。睡梦沉沉，梦境又累又咸。

第二天上午 7 点准时上船出海，一上午 4 个小时在海里，海面上风吹浪打，太阳暴晒，"晕海"严重，体力透支。

但将脸埋入海里的瞬间，整个世界都安静了，只听得到自己的呼吸。阳光射入深海的束束光线，照亮了下潜的通道。反反复复练习上下踢蹼触底，终于顺利完成各项考核。

自由潜：融于自然、安全享受海底

其实，早在 4500 年前，太平洋和加勒比海的采珠人就靠这门技艺为生，韩国和日本也有捕鱼虾的"海女"。但直到 20 世纪 40 年代，自由潜水才逐渐发展为一项体育赛事，越来越多的自由潜爱好者在接触并爱上这项运动。

相比水肺潜，陆文婕自己更爱自由潜，原因有三：一是没有很重的装备要背，适合力气小的女孩子。二是在水中可以穿行自如，而水肺潜有许多深度、速度和方向上的限制。三是没有气泡的声音可以更靠近海洋动物，水肺的泡泡声会把它们吓跑。

"我都是在自由潜水时近距离接触到海豚、鲨鱼、魔鬼鱼的。"

▲ 平静闭气如鱼得水

自由潜是让你和这些庞然大物一起玩耍的最好方式，它们其实通常都只是在数米深而已，有时候它们会对你如你对它们一样好奇。

自由潜水区别于水肺潜水的特点是，自由潜讲究的是自身和内在的训练；水肺潜主要是学习对外在环境的观察、判断，和对潜水装备的熟悉、使用和保养的过程。

自由潜兼容瑜伽、冥想等元素，十分培养人的心理素质和运动协调能力，强调在水环境中的安全意识和处理问题的能力。自由潜并不需要水肺潜的基础，对于初学者来说，难易程度相似。

近几年来，自由潜水的教学和安全培训方法一直在完善，初级自由潜，属于娱乐性质，是很安全的，但竞技性的自由潜存在一定的危险性。

"我希望通过自己对危险和未知的不断挑战，能够将所学转化为提高这项运动安全性的方法。"陆文婕说。她运用药理学的专业背景，加上瑜伽、冥想等探索，"有点像在自己的身体上做实验"。

"自由潜是一种健康的生活方式，能使心态平衡，是（可以）受益一辈子的健康运动"，陆文婕对说，在中国有兴起的潜力和趋势，东南亚有许多潜点，学会自由潜以后，平常的训练可在陆上完成，随时随地练习呼吸，在泳池里练习动作。

跑步、瑜伽、游泳等有助于心肺功能的改善、增大肺活量、增强身体的控制力。科学家们从生理和心理学角度研究自由潜水，探索这项运动背后奇妙的生理过程，已取得的相关研究成果已经帮潜水挑战者取得了惊人的成绩，突破了 50 年前学术界公认的人类无法到达的极限。而科学的训练方法也让娱乐性质的自由潜水惠及更多潜水爱好者，可以安全地享受在海底的自由自在。

异度空间，灵魂的远眺

"自由潜水是一项健康、美丽的运动，而当下这项运动的发展非常小众，我希望能够通过代表中国参加比赛，让更多的中国人接触、了解并参与到自由潜水中。"文婕说，她在 2016 世界自由潜深度赛（VB）中再度两次打破自己创下的两项国家纪录。

2016 巴哈马蓝洞举行的深度挑战赛，吸引了来自全球 21 个国家最顶级的 40 位潜水运动员。挑战赛创始人、世界自由潜男神威廉·楚布里奇（William Trubridge）在比赛中再度突破人类极限，第 17 次创下世界纪录，成功挑战成功 FIM（攀绳沉降）124 米的世界纪录。

自由潜曾被列为极其危险的极限运动，生死只在氧气和二氧化碳的浓度比之间。竞技潜水运动员在下沉到海底 30 米深度后，开始自由落体，进入冥想状态。

"我关掉思绪，放松肌肉，因为大脑会消耗许多氧气"，威廉说，吸引他拿生命冒险的，是自由潜水"对精神和身体的双重挑战"。

竞技自由潜，美丽和危险并存，运动员在生死边缘挑战未知、超越自我，不断尝试突破极限。同时，娱乐性质的自由潜水正在全世界吸引越来越多的自由潜爱好者，他们学习并享受着安全自由潜的水下世界。

在 VB 挑战赛训练时，陆文婕说，"80 米的大海里来回一趟，短短两三分钟的时间，感觉已在异度空间过了一年"，即使天天在训练深潜，每次离开训练场地的时候，总是迫不及待地想要再回到那个空间。

那个空间是怎样的神奇？蓝洞又称水下洞穴。世界许多地方，如伯利兹和巴哈马、红海一带都有蓝洞。牧师蓝洞谷底深达 202 米，给予那些寻求重新定义不可能的人足够屏息的空间，是试图打破世界纪录和个人纪录的最佳潜点。

"一种黑洞般深邃、奇妙的感觉。感受自己渐渐落下去，温柔落下去，整个感觉是温柔、美好、轻松的。仿佛是夜晚睡梦中，穿越时空隧道"，陆文婕说。

长达 7 分钟的水下屏气期间，你脑子里在想些什么？

文婕说，"其实，我在做梦，梦见自己去了一个又一个地方。"沉入水中，随着计时秒表的滴答声，一幅幅画卷在我眼前渐渐铺展开，梦里有时是一只会飞的胖企鹅从地球的南极飞到了北极，有时候是无穷无尽的郁金香沿着溪水从山顶绵延到海边……

"这些情节感觉很荒谬。对！关键就在于没逻辑"。在潜水时给逻辑思维中枢放个假，以减少氧气消耗，到自己潜意识的梦境游一圈。

"在世界上最深的蓝洞中自由潜水，感受渺小，感受平凡，感受脆弱，渐渐溶解在大自然中"，陆文婕说，仿佛如外太空的自由飞行，感受自由落体。

在深蓝世界摆脱地心引力，灵魂处于深度的静谧状态，用瑜伽的深度平静调吸，充满失去和重生感，静享沉思和顿悟的修为历程。

飞旋海豚，魔鬼鱼夜潜

拿下自由潜证，和海豚一起潜水的梦想成真。从位于夏威夷大岛科纳的港口出海，被上百条旋转海豚"包围"，海面上腾空旋转。船上的游客发出惊喜雀跃的惊叹，就在周围，三两成群，鳍出水面。

我迫不及待地跳入海里。

世界变得宁静，只有无数海豚，向我靠近。自由潜，可以让我更安静地靠近水下生物。如人一般大小的海豚在我周围，调皮

Shelwin 摄影

和海豚一起畅游

▲ 魔鬼鱼

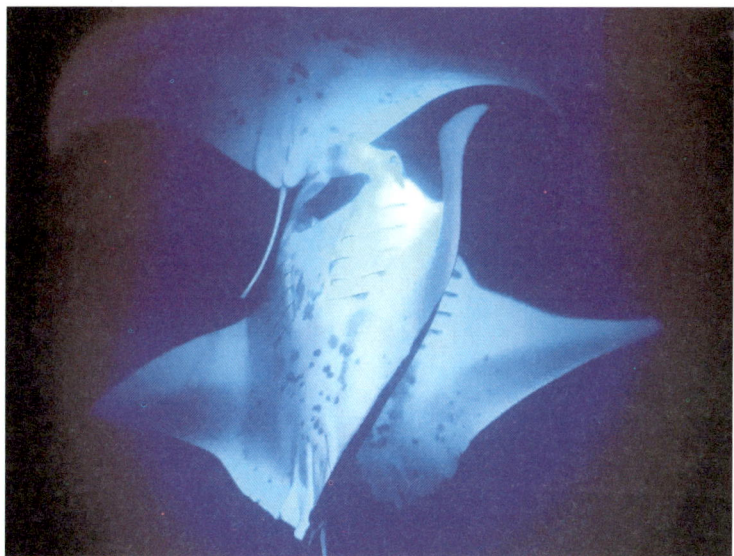

▲ 夜潜魔鬼鱼

地腾空旋转，轻巧戏谑，我随着它们一起"深入潜出"。自己竟然可以和这群精灵保持同样的速度前进，不由得惊奇万分。白天，海豚处于半醒半梦状态，一侧大脑休息，一侧大脑运动，它们喜欢群居，互相照应。

时光，真是一个美妙的词语。流光似水，曼妙通透。淳朴，自然，不娇气，不傲骄，很淳朴，很真实。遇见自己的内心，融入水中甚至可以听见自己的心跳。

愿望实现了！在和海豚一起游泳时，我感到全身心的愉悦欢腾，仿佛可以不用呼吸，不用换气，一直游下去……直到它们扎入更深的海底，而我则不得不浮上水面换气。随即又再次扎入海里，随海豚在深海里旋转、舞蹈……

另一片海域，绿海龟睁着大眼睛，把我们引向鱼儿的珊瑚礁，海龟开会，鱼儿在龟壳上停留、吃食。夏威夷的海，蓝海里的天堂光，深深浅浅的海底洞穴，如同相框一般，框入了一片深蓝的海水。从头顶投射下来的自然光，让我感觉置身天然的大教堂。光彩随着太阳角度的变化不停变换着，仿佛用生命的时间在丈量。既是在探索自然，也在探索自己。

一个猛扎入水，不小心把呼吸管缠住了头发，情急之下只好把面罩通通摘掉。潜导马特竟然在混乱的水下为我找到，游过来为我装好，茫茫大海中丢了面罩的心情，瞬间有了。马特讲话很温柔，留着长发和胡须，一副布拉德皮特似的帅气面孔。他安慰我说没事，还说估计是呼吸管不结实，等上船为我换一只。

"海豚和你，没有你，不过只有海豚"，船长约翰说。这是在乘船上，听到的暖心的话。约翰是 11 年前来夏威夷休假，原计划的两周变成了无限期的常住。

神秘的魔鬼鱼（Manta ray）是海洋中最大的鱼类之一，翼展最多 6 米或更长，魔鬼鱼的外形看起来非常吓人，虽名为魔鬼，但实际非常温顺。与黄貂鱼或燕魟不同的是，魔鬼鱼并没有刺。它们以浮游微生物为食，对人类不会有任何伤害。一束束蓝色的灯光下，只看到在眼前翻飞，在每个船底吃食。

大岛的魔鬼鱼夜潜，只有浮潜和水肺潜两种。以浮潜装备的我，在征得了潜导马特的同意后，尝试屏气下游到蓝光之下，和这群翻飞大口的魔鬼鱼一起夜潜。这难度比和海豚一起嬉戏难太多了，既不能碰到它们，又想接近，但翻飞着硕大的翼展，我又生怕被它们的大口卷走，尝试了三次，最终作罢，老老实实扶着重启船，低头看它们近在眼前地在船下，摇曳翼展，旁若无人吃食，来来去去。

从此，世界地图多了潜水地图，可以游一游游客寻常路线不同的各地潜点。

02 /

冲浪，确定你的体力吗

在夏威夷，既有享受自然的极致，也有搏击自然的极端；既有悠闲舒适的精致，还有惊险刺激的高潮。夏威夷是现代冲浪运动诞生地，无论是跃跃欲试的新手，还是经验丰富的冲浪高手，都能在这里找到自己的乐趣。

对于冲浪，马克·吐温说，"就算是闪电快车，也难以赶上这令人毛骨悚然的速度。"杰克·伦敦也曾写到，冲浪者出凡超群地驾驭着令人晕眩的浪峰，他的脚下是翻滚的浪花，是升腾的海浪……

环岛游至欧胡岛北海岸，总要停下来观赏这冲浪高手热爱的"完美大浪"胜地，冬季的巨浪更是高达 9 米，乘风破浪，电闪雷鸣。看起来和滑雪一样一气呵成，那些驾驭海浪的平衡手踏浪而来，滑板不离脚不歪斜、不会被吞噬。

你确定你的体力吗？

冲浪需要足够的臂力、坚持平板支撑（仰卧起坐）的功力、滑板的平衡力。尝试了一次你就知道，冲浪一点也不酷。

早在开学前一周，我和两位男同事就信心满满跃跃欲试地注册了冲浪、航行、浮潜和深潜等课程，10美元一节课，包教包车包器材，简直白菜价。签好一份白纸协议准备上车，黄卷发司机小弟善意"提醒"我，你换好泳衣了吗？他指了指操场边一丛植物，"进去换吧，不会有人看见的"，示意我去换好泳衣回来。嗯，美国人就这样心大。

游泳馆，贵重物品放在不上锁的柜子里，管理员信誓旦旦地说"没事的，从来没出过什么事"。于是我就真的在没有门和锁、有茂盛灌木遮挡的车库，大方利索地换了泳衣。

开车前往钻石山的行程轻松欢快，司机小弟介绍自己是来自传播学院的本科生（掐指一算，比我小八九岁），他边开车边活跃气

▲ 夏威夷冲浪

▲ 冲浪夏威夷

氛，让车内同学轮流做自我介绍，每个人回答"今天想要游得像什么动物"。

除了四个指导员小弟外，我们还有来自新西兰、日本、中国香港的 5 个女生，以及来自中国、韩国的 3 个男生。

今天你想要游得像什么？像狗、像龙、像老虎……我想像海豚一样自由、像蝴蝶一样轻盈。

到了钻石山下，需要抬着几乎是我人 1.5 倍长的冲浪板下山去海边。我先尝试侧拿冲浪板，却发现胳膊短手小，甚至够不到冲浪板中间的宽度，顶在头上又觉得头发的摩擦快要把头发扯断，一个人跌跌撞撞，幸好后面跟上来一位教练小弟，他伸手帮忙，让我在前，他在后，左右手臂各夹一个冲浪板，两人一前一后地朝山下走。

"喔，我想自己玩冲浪去了"，见到层叠涌进的海浪，卷发小哥在我身后呼喊道。

打着赤脚的汉子让我们刚放下冲浪板，开始讲解。几米之外一只海豹慢慢游上岸来。海豹宝宝露出头，拍打爪子摇摆走上海滩。它像是累瘫了，两只小爪慵懒地拍打着柔软沙滩，扭动着浑圆光滑的身体，眯起圆溜溜的眼睛，不时眯眼瞄一眼，正欣喜凝神观察它面前的人类，泰然自若，慵懒闲适。

收回视线，开始在波涛声中听讲。健壮的美国大学生在冲浪板上做了几个动作，讲了一下要领，就让大家下水尝试。没人迟疑，大家竟然纷纷勇敢地将冲浪板抛下海。

尽管会四种泳姿，尽管自以为不怕水，却还是完全不知其所以然。我退缩在最后。心想，做一个胆怯的弱女子，身边自然会有男生保护，不会丢下你不管的吧？

之前一直不苟言笑、微胖的卷发小哥，鼓励我向前，他拉着我的冲浪板向海水前进，我趴在板上，不知该做些什么。接下来的时间里，这位小哥一直对我"不离不弃"，在我周围不停地朝我喊"keep peddling（保持划水）"。但我内心却只想朝他吼一句："what's the point？（要点在哪？）"

我用尽臂膀力气划水，却沮丧地不见前进。一个浪打来，咸咸的海水溅入眼睛，脑中一个巨大的问号：这些不戴泳镜、穿着比基尼的"女汉子们"，是怎么做到的？

太平洋的水看起来浩瀚宁静，下了水才知海浪猛烈。

海上一小时，度秒如年，脑轰鸣、眼昏花、四肢无力，一个大浪打来板翻人落，被灌了一大口海水，又咸又涩。抓住冲浪板（脚和冲浪板是有根绳子绑在一起的）的边缘，挣扎着爬上板，人已瘫掉。眼前深蓝绿色的海水，不再晶莹可爱。

在海上漂泊受太阳炙烤，我想起安吉丽娜·朱莉2014年执导的电影《坚不可摧》：太平洋战争时期，三个美国士兵在无边无际

▲ 学帆船

的大海求生，小木船上吃海鱼、遭日晒，瘦到皮包骨头，最终被日本海军俘虏虐待。又想起李安的《少年派的奇幻漂流》，看电影时的不可思议，在实际体验时更深感派是传奇。

海浪卷到最高处时，前进的惯性和重力会卷成一个液体圆筒，如同一根不断延伸的管子。冲浪高手驾驭自如，穿越这条"隧道"，在浪尖上起舞，看谁站得起，不被巨浪卷入水底。

卷发小哥不厌其烦地在我四周督促我"保持划水"，让我向白浪挺近，"你不想尝试下起身踏浪吗？"白浪来袭，我又一次落水。我渐渐地消除了最初的极度恐惧，当海浪涌来，我用所学的唯一技能拼命划水。想朝汹涌的白浪划去，却感觉船板纹丝不动，更别提在浪花中站起。无奈，再次被浪花打翻。

不清楚冲浪板的方向，又不明在大浪来袭时如何"躲闪"——不是不勇敢，而是还没有适应汹涌海浪的韵律。看到追逐海浪从远方踏浪而来的型男靓女乘风破浪，佩服得心服口服，那是有多强的体力和平衡力，才能搏击浪头，与海共舞啊！

等我们陆续上了岸，却发现少了一个的同事的身影。心里一下很紧张，担心他的安全。问了教练才知道，"他早就自己上岸回去休息了"。

抬着冲浪板上山，走得更加艰难，脚底被石子划破，胳膊被冲浪板磕青。

我们上了车，我在大口大口喝水时，身边的新西兰和日本小姑娘却泰然自若地坐在那里——她们身着比基尼的前胸上，被沙磨出了红印，却完全不在意。刚才的冲浪强度，似乎也不算什么。

　　回程路过酒吧，有男生提议进去喝一杯。"喔，我还不能去酒吧，美国这里要求 21 岁才能进酒吧。""你多大了？""19 岁。你呢？""呃……我比你们大多了！"脑海中，这位 19 岁姑娘乘风破浪的倩影，似乎一下就有了最好的解释，年轻啊！

　　唯一的一次冲浪体验，深感非体力超凡者不可为。

03 / 在四千米高空飞翔

展翅飞翔的白色羽毛，是风的女儿。儿时美梦中，天使拥有一双羽毛翅膀，在云朵间穿梭，在彩虹桥上舞蹈。

从夏威夷瓦胡岛北岸，从 15000 英尺（约 4500 米）的高空跳下。跳前每人必须签一份电子协议，留下紧急联系人，在"跳伞危险，有可能伤亡"的提示页面上，我们需要签名签九遍！我向店员问了两个问题：有人意外死亡吗？有保险吗？店员小姑娘轻松耸耸肩回答说："这里不卖保险。只发生过一起因心脏病突发的死亡。"

还有人选择从 17000 英尺的高空跳伞，这无与伦比的高度，恐怕也只有在瓦胡岛才敢了，迎着"前美军军方设备，安全系数高"的口号，玩一场勇敢者的游戏。

一生一跳。"人生总有些极限要挑战，如果不做会遗憾"，我和同事们互相开玩笑，"You jump I jump"，"一起去赴死都可以，还有什么不可以"。

11 月 11 日，中国在"光棍节"网购狂欢，美国则是"老兵日"，全国放假一天。我和从纽约来夏威夷休假的两位女同事，预约了高空跳伞。原计划在回国前尝试一把，却早早让自己提前接受了挑战。不逼自己一下，就永远不会准备好。

出发前，我在网上搜来跳伞视频反复看，让自己熟悉程序、有足够知识储备和心理准备。但越看越紧张，心跳加速到仿佛已临近出机舱往下跳的"生死瞬间"。想在临行前写点东西留下，或悄悄告诉妈妈。不能提前告诉爸爸，否则他一定会阻止。在日记本上写下：爸爸妈妈，我爱你们。无法想象的感受，就勇敢去做吧。

分配给我的教练是个留着长胡子和恐龙头型的中年大叔凯文。

他问我："你有老公或男朋友陪同吗？""没有，但有朋友。"

▲ 准备跳伞，竟然并不紧张

跳伞

"你从哪来？""从中国来。"

"哇！从中国跑来夏威夷就是为了和我高空跳伞吗？"轻松对话缓解了我的部分紧张。

他一边给我穿上跳伞装备，一边继续宽慰我。

"你第一次跳伞吗？""是的。""嗯，我也是！哈哈！"

"你害怕吗？""有一点。""嗯，我也是。""哈哈哈。"同理心建立起彼此的信任和默契。

我也足够开怀，和教练大叔聊起天。凯文教练每天跳伞平均五六次，最多一天跳过 25 次。

"那你工资一定很高吧？""不高啊。你觉得我能拿多少？"他倒并不介意聊收入。

"每一跳能拿六七十美金？"我猜。他撇撇嘴，"没那么多，也就四十吧。"

坐上飞机、滑翔。凯文在上飞机时将我牢牢固定在他身上，在下飞机时反复检查稳固性。连接带松开，是我能够想到的唯一可能发生事故的方式，但他专业的程序让我很放心。

冲上云霄，俯瞰大海。舱门打开。

Ready Go！ 我没有犹豫，没有三思，心理暗示自己全身放松，笑着踏出了 4500 米高空的舱门，给舱门外等候我的摄影师一个笑着的侧脸。

云朵里激灵冲撞，风 duang duang 呼脸，周身浸在水汽中。

我来了，你在哪？我张开双臂，似乎可以拥抱世界。自由、勇敢、无限。随时可以死去，又随时可以永生。

"抬下巴、嘴角上扬"，凯文提醒我，摄影师来和我击掌。要想有好的照片，就要保持镇定清醒摆 pose。凯文教练做着各种动作，心形手势、搞怪伸舌头，真有种拍特技片的感觉。

被降落伞绑定、身后有教练员操作，我只需要睁大双眼去饱览这眼前美景：蓝绿色的海岸线，白色海浪似镶嵌在云朵里的蕾丝，云层层绕绕，轻扬缥缈。

云在海浪里，海浪在空中。

悠悠降落，感受左右摇摆下降中的空气，欣赏连绵不绝的绿色山峰，鲜长的草地，细软的海滩……凯文调控着背后的降落伞，选择宽阔的草地准备降落。

几个滑翔动作后，安全降落。我竟可以优美地稳稳站立，没有绊倒。摄影师小跑过来为我们的落地拍照，我和凯文击掌相庆！脸有点快笑僵掉了。

着陆后一忽儿恶心，隐隐头晕。就像一定要亲自前往西藏

▲ 看，有彩虹

一样，高原反应多强只有到了才知道。除了头晕恶心，更多的是"完成壮举"后的兴奋。

晒一晒10分钟跳伞的账单：学生价150美元、照相和视频210美元、教练和摄影师小费各25美元，加税后一共430美元。的确不便宜，但我告诉自己：权当作"双十一"送给自己的礼物。

▲ 俯瞰云海（by Shelwin）

我还可以更勇敢些，可以更自由些。

朋友圈里朋友们问我："失重感会不会很强？"

答案是：不会，个人感觉还没有玩过山车刺激，比滑雪简单。过山车连续玩三次都不过瘾的我，的确是不恐高吧。

04

太阳雨和风

夏威夷的海岛气候，上午天晴并不意味着下午不雨，前一小时大雨，也不代表后一小时不会暴晒。此时阳光灿烂，下一秒或会毫无预兆骤然起雨。太阳雨的神奇存在，不需要阴天多云来酝酿。雨从天降，从太阳光的热度中来，从白云的绵软里出。

如雾如氤，像细密的喷雾，天然滋润补水；如顽皮的小孩子，下一秒就哭笑变脸，大雨倾盆；遇上台风登陆，热带气旋笼罩下的城市，三天大雨倾盆不停歇。

雨季，宿舍里就能听见山上瀑布溪水潺潺、水流不绝。爱雨如我，也从欢喜到了忧伤。五天四夜不停歇的湍流，逐渐影射到了心里，有些许湿漉漉小愁绪。

远在雨季来临前，整一个 9 月，几乎每天雨不停，从早到晚，时雨时晴，忽阴忽明。夏威夷本地人都说，"诡异的天气，几十年没见过这么多雨"。全球气候变暖，在世界各地有种种异常表现，所以有人说，全球变暖的表现就是"全球变异"。（global warming or global weirding？）

气候多变，晴雨交织，彩虹在夏威夷随处可见，绵绵雾雨，交织着丝缕阳光。多谢活跃海风的帮忙，夏威夷上空的云层变幻多端。云层挂在山峰之上，丢下点雨水继续前行。一阵瓢泼大雨或是细雨，几分钟后天空云开雾散。从云层积累到消散的短短几分钟内，云朵变幻莫测、倏忽骤变。

通常，人们把雨说成一场雨，如："昨天晚上，下了一场雨。"场，是指一个较为广大的地域面积，一个城，或者半个城。在夏威夷，雨的形态就多样了，一场雨，一片雨，甚至还能看到：一束雨。

我们的餐厅朝南，没有窗户，和外界浑然一体，吃饭时，阳光明媚，天地光华，不时飘来一片雨，在空中精灵似的，疏朗地斜下

邂逅彩虹

来，一两分钟吧，没有声息。一片云，就是一片雨，天空依旧是那么得深蓝，云朵依旧悠闲。

偶尔会在不经意间，远处一束束闪动，在树冠的背景下，像妙曼轻纱，似有似无，只有定睛细看，才发现那是束束细雨。面积很小很小，一把伞那么大吧，调皮地，像在躲迷藏似的，没有一点声息，飘那么一会儿，等你的感觉累了，它又没了踪影。躲起来似的。

▲ 走向海角

雨季里，天天雨，一天下了多少次雨，难以细数。每次都很短，半分钟，一分钟，就那么飘下来，斜下来，它已成为每天的伴侣。淅淅沥沥、沙沙沙沙……

夏威夷的风，是亲情式的。

这种比喻很奇怪，但在感觉上，就是这种亲情的感觉。

18岁之前，我生活在郑州，家乡的风叫中原风，浩荡，有着乘风破浪的气势，风中含沙，一阵风过去，空气中就有了呛人的味道，眼睛也是涩涩的。

大学四年，在上海，风中就有朵雨做的云了。潮湿，梅雨季节黏湿不透气。

工作在北京，领略过沙尘暴。其实一半时间在朝鲜，那是和东北一个纬度，四季的风节分明，吹出了绿，吹出了黄，吹出了白色的冰雪。

总之，风就是风，是自然的一种对流物，而在夏威夷，则派生了一种别样的亲情。通常，风来得清爽、湿润、温暖，一股股、一片片，在树丛里摇晃，飘下来，降落你的身上。你能感到风里有一只只小手，探出来，和你相握，或者轻柔地抚摸。你走你的路，它送你一程，你回你的家，它迎你一下。

十二月的"冬季"，有那么几天，到了深夜，狂风袭来，真的是这样的感觉，袭来，一队一队的，闯入高大华冠里，呼呼地叫，激荡，鼓动。又一队队窜到你的窗前，啪啪啪，犹如一群侵袭的豹子。它们吼着，用尖利的抓子嗞嗞啦啦挠玻璃。也就一会儿，它游走了，到别的窗口。但这时，你会有种明晰的感觉，它的貌似凶恶的外表，却透着一层层戏闹。没有恐惧感。它再汹涌而来，你也就忍不住想笑了。那群围着窗口要进来的豹子，再怎么叫，你都觉得是逗你玩了。

接着睡吧。

第二天早上，醒来，风平树静，回想半夜的吼叫，犹如闹着玩似的。累了，就走了。留下厨房的木门，已经半壁倾斜，咔嚓一声，断裂倒地。

05

360° 可爱岛

夏威夷的各个岛，风情各有不同。有人喜欢茂宜的浪漫，有人热爱可爱的自然，有人喜欢大岛的魔幻，于我，茂宜看海湾，可爱慢节奏，大岛则穷尽所有冒险与神奇。回看照片和写下的文字，才发现，风景不同，心境不同。现在的你，是你曾经走过的路、读过的书、爱过的人成就的。时光叠幻，路上的风景和在路上的经历，成了今天你的一部分。

可爱岛最小，也最古老。两三天足够环岛。四天里，我们从北到南，北岸两次打卡，南岸再来两趟。直升机游可爱岛，是最超值的体验。侏罗纪公园里的绿脊山脉，现实再现。开直升机的帅哥声音轻柔，才25岁就已有了7年驾龄，年收入达到六位数。

带我们在山谷上下盘旋，他一手开飞机，一手操作手机音乐，讲解话音刚落，背景音乐在耳机里想起，大片即视感秒秒相连。空中鸟瞰这座郁郁葱葱的花园之岛，深吸一口气，纳帕利山谷翡翠色如天鹅绒般的山峰，白鹭翱翔悬崖绝壁，俯瞰松绿色海岸线，湍

▲ 可爱岛

急瀑布远看挂前川，飞近触手可及如缎带，360°玩转可爱岛的角角落落。个别噪音消减区是不欢迎轰鸣的直升机临头盘旋的，飞行员小哥驾驶的路线，很好地避免了热闹的海滩和卡拉劳小径。

从空中饱览过纳帕利山谷的曲线，再用徒步挑战 11 英里长的卡拉劳小径吧。必备雨具、水、专业登山装备，和真正爱徒步的

▲ 可爱岛的清翠山峦，by Shelwin

心。一夜暴雨后，我们开车在红绿尽染的山谷，看着眼前倏忽变幻的乌云，飘入山间，倏忽间又欲雨。阴雨天，海不蓝，山难爬。

卡拉劳小径入口，果然已被封，参与过救援的工作人员站在入口"把守"，警告游客"里面危险"，举例说来自美国本土游客曾自负地说来自科罗拉多（大峡谷），"吹嘘"这都不算事儿，然

后遇险。正说着，两名带着大砍刀、对讲机、攀岩绳的专业徒步者从山林里走出，从泥潭中爬出来似地，浑身疲惫却掩不住兴奋，"海岸风景太美了。不过昨晚差点淋成狗"。一男一女登山者来自德国和瑞士，对逡巡在入口处的我们说，"不要期望救援队的救援，必须严肃地对待悬崖峭壁"。

从南岸开车到西岸，沿途红色幽深的怀梅阿大峡谷，裸露着性感的红色山脊，太平洋大峡谷少许绿映衬多红。夏威夷语中怀梅阿意为"红褐色的水"，意指河流从峡谷中汲取了盐分，把海洋染红了。这河口还曾是库克船长最初的登陆点。在红绿山谷中驰骋，一路火山岩峰、森林，到了尽头，停车开始徒步。碧绿葱翠的山谷笼罩着层层迷雾，蜿蜒起伏的路被大树遮蔽着，参天树林后曲线状的小径，来次偏远的丛林冒险，走向悬崖的原始森林里，松树林为背景，我们一行五人彼此嬉笑说叫的，在天色暗前来了个往返。

环岛游，自驾沿海岸行驶，一侧是青山叠嶂，另一侧是碧海粼粼，海湾沙滩相映成趣，公路沿山脉起伏蜿蜒，向下俯瞰，沉积岩、熔岩海岸悬崖迷人的地质构造，让你能真切感受到，城市已经被你远远地甩在了身后。白色海滩，起伏的海浪好似一头发怒的野兽，汹涌澎湃的海浪、势大力沉的逆流、强劲有力的激流，令人生畏，即便专业的冲浪者也要花时间来适应这难以驯服的海浪。

最西端，过了犬吠沙滩太平洋导弹试射场，坡利哈莱州立海滩，只有颠簸的平路。不巧我们车轮陷入，一个在沙滩兀自抽鞭子玩沙的长发赤身原著民，看见我们需要帮忙，应声来帮我们倒车。他毫不惜力地刨沙，三两下就露出轮胎，跑前顾后地指挥我们推车。难怪来回路上，发现越野车上许多都装上了类似于拖拉机的大轮。

可爱岛东部地貌丰富多样，山顶森林、白马、黑牛、牧场。野生棕榈园，平静的怀卢阿河蜿蜒入山。瓦伊艾莱艾莱，意为"潺潺流水"，年均降水量丰富，是岛上几乎每一条可见瀑布的源头。北岸芋头湿田，种植着丛丛茂盛的芋头苗，芋头是世界众多·海洋文明的主食。芋头（Kalo）现在仍被夏威夷原住民看作是神圣的食物。

第二次去探索秘密海滩，看到了最美的山顶日落。土路右转开到底，在死胡同里找到海滩小径。巨大的火山熔岩崖，白色沙滩，岩石礁，沙洲海床和美丽的海洋贝壳。走土路和陡峭的小径。露出地面的岩石层，被浪卷倒，吸入海中。太阳沉入云影，太平洋上空镶了金边的云影，如同画了线一般，横切一道，低垂在海空。照片上的柔和光影，仿佛有海的气息，没有一丝咸腥味。

Poipu 海滩，慵懒的海豹，躺在沙滩上懒洋洋地晒太阳，人们把它们用围绳保护起来，在绳外留出距离，不靠近打扰。白色沙滩走出一个岛，年轻人在随音乐起舞，落金入海云影幻，天涯观星遥，没有了时间的流逝，空旷，哪里是海，哪里又是天?

▲ 可爱岛尽头

似乎感觉到地老天荒

06 /

茂宜岛观鲸

都说茂宜岛最浪漫。虽不能感受情侣牵手的浪漫，却也能在寻找心归属的路上畅享放空自己的自由。

帕伊亚，绿色海浪，卷起白色海面，巨浪击岸，由远及近浩瀚传递，振聋发聩。一时间下起疾雨，匆匆从黑色岩石上岸，回头，天边已挂起一道彩虹。

然而下雨天，在岛上并不是好天。没有了阳光，海不蓝了，树不绿了，全是灰蒙蒙的一片，缺了层次。在城市喜雨的我，来到海岛后也变了，喜阳厌雨，尽管被晒成了深深的小麦色，却彻底改去了打伞的习惯。

海岛的天就是如此任性善变。车行到怀卢库的山顶牧场，黑牛、公路、单行道，随手一张就定格成公路大片。海岸线绵延，沿悬崖而天成的峭壁泳池，海浪击石，扑面感受来自海洋自下而上涌动的心跳。

穿着人字拖，小心翼翼专程走下黑黢黢嶙峋的火山岩，多肉树丛点缀茂盛在岩石缝中。用心去寻找那颗心形的浪孔（blow hole）。

"其实是很小的一块，并不容易找到"，从下面上来的游客说。慕名而来，遍寻心形石却不见踪影。倒是那些如兔子、乌龟、小狗形状的黑岩石，露出生动的存在。

没找到海角的"心"，在激涌海浪从海底倒灌窜升的白雾前，感受凌乱和盐滴拂面的海味。

喷潮口。汹涌的海浪穿过潜藏于岩石中的暗道，从岩礁中的小孔中喷涌而出。喷潮前，空气受到激流冲击时发出了喷涌之声。

哈纳公路，盛名在外，被吹捧到"每一个转角处都不会让人失望"。蜿蜒曲折的哈纳公路蛇行在热带山谷和参天的悬崖间。54座单行桥，桥桥有瀑布，沿小径进入水潭，雨帘如水帘洞般，透

▲ 茂宜岛 哈里阿卡拉山

出精灵美幻，瀑布在雨中，丰韵灵动。山泉密布的洞穴，甘蔗田，双子瀑布。遗憾的是始终没能在瀑布潭游泳。温柔穿行，这里的居民有着强烈的家族观念，叔叔、阿姨地挂在嘴边。慢下脚步，体会不曾随时间褪色的淳朴。比起哈纳公路，我更爱去发现不为人知的小众美景。

茂宜最西端，是逝者灵魂跳入未知，带到祖先故乡的地方。如今大胆的青年会列队从这里往下跳，落入小海湾中，发出响亮的一击。似乎每个岛上都有让人产生跳崖冲动的绝壁，大岛的最南端，也是美国领土的最南端，同伴几乎是大喊着"好可怕"，扑通一声就扎入海里的，欧胡岛的中国（China Wall），纵身一跃，跳入青春不羁，寻求刺激与自我突破。

逐浪座头鲸

早起赶上 7 点出海的观鲸，乘坐炫酷的红色游艇出海。鲸鱼保护区基黑，在晨曦中朦胧看到拉奈岛、莫落基尼半月形小岛和卡霍奥拉维岛的轮廓。

乘船犹如海盗船般颠簸，睁大眼睛望向海面，难分辨远处泛起的究竟是浪花，还是鲸鱼吐气。多半是在碰运气，船长讲解说，鲸鱼每年冬天从阿拉斯加来到夏威夷，交配、繁衍后代。"只是今年它们来得晚、走得早，不知是不是和全球变暖、海洋温度升高有关。"

▲ 座头鲸（网页图）

我们在茫茫大海中寻觅座头鲸的水柱，盼望有好运气。远远地，隐约看到一个庞然大物在海面缓缓游动，像一座冰山一样，身体大部分沉在水下，又像是一个自由飘浮的小岛。我问船长，如果遇上座头鲸恰巧在船附近跃身出水怎么办？"哈哈，那就是你的好运气了！"

座头鲸游泳、嬉水的本领高超，先在水下快游，突然破水而出，像杂技演员的后滚翻，鼻孔喷出蔚为壮观的水柱，卷出周围海水出海面，发出洪亮声音。有时兴奋地全身跃出水面，动作优雅，那庞然大物落水溅起的水花声，几公里外都能听到，几秒后就钻水入海，消失于波浪下。船四周海浪涌起浪花朵朵，在清透的阳光中闪烁出一段段小彩虹。

茂宜岛西部外海域是座头鲸最喜欢的繁殖地。座头鲸喜欢靠近海岸边，在浅水区保护它们的新生儿。曾一度面临绝种危机的座头鲸，如今在美国国家海洋保护区得到了保护和繁衍，已经从濒危物种名单中"跳"出。

观鲸后，开车到拉海纳。这是一个捕鲸业盛行的村庄，当年曾是停靠太平洋捕鲸船的重要港口。一百五十多年的历史，一棵作为传教纪念的小苗，如今已长成一片树林，16棵美国最大的榕树。捕鲸小镇也是艺术小镇，创意画廊，海洋元素的珠宝饰品，还有鲸鱼骨、鲨鱼牙齿等手工艺品，足够你打磨整个慢节奏的骄阳午后。

走着走着，来到和兴会馆，这又是一处有历史的地方。屋后的迷你电影院，放映着托马斯·爱迪生在发明摄影机后于1898年拍摄的夏威夷影片，记录了夏威夷人从前的生活景象：放牧的牛仔，甘蔗工人在田间劳作。捕鲸文化的拉海纳，贝雕，捕鲸人生活的艰辛和单调，20几名船员是如何在狭小的空间上待上数周而不发疯互相动武的，也是未解之谜。历史深处，还有一段讲述孙中山哥哥"茂宜王"的昔日辉煌，当年的地早已卖了，孙中山在夏威夷的纪念堂，却又似乎无处不在。不知是风景如画，还是画如风景，小镇在日落时分美成一幅画。

旅行，是发现自己。在路上，也是在梦里。

开车上哈雷拉卡拉国家公园看日落。岩石路，一路上的植被，从山上绕道，云雾缭绕，以为看不到海色，却在山顶 3000 米的高度，云开雾散。遮顶的黑云朵，全幻做脚下蒸腾游散的云气，乌云和白云交界的一丝蓝天，透出海面上的白金天光。

满是灰尘如月球表面似的的火山岩石，地貌与月球表面十分相似，宇航员在登陆月球之前都会先在这里模拟月球漫步。

日落，太阳逐渐从天际下沉，仿佛落入云层里。从蔚蓝到墨蓝，天际线交界处橙黄柔暖。抬头望向天边另一侧，一轮洁白的满月，正日月同辉地，在同一时间出现。星空稀疏地点缀着蓝夜。日落后下山，山下光影斑斓，不像是一座岛屿，而如陆地般开阔，层峦叠嶂，一时遮掩，一时明。

▲ 茂宜岛 blowhole，by 邢奕

07

一半海水，一半火焰

从湿热茂密的热带雨林到干旱的黑熔岩沙漠，从凉爽的高原山地到洁白的海滨沙滩，地球上的 13 种气候带，这里占了 8 种。火山的屏蔽效应和海拔高度差，造就了大岛上丰富多样的自然景观。冬天的高山上会有降雪，没错，夏威夷的冬天是可以滑雪的！白雪顶，黑沙滩。观星空银河，看活火山喷发，和魔鬼鱼夜潜，上天入海的生命体验，正在来了就不愿走的魔幻大岛。

到夏威夷岛看活火山喷发，听来不可思议，做起来惊险刺激。世界上最大的火山、最活跃仍在喷发的火山，都在夏威夷。整个夏威夷岛链，其实是火山运动的结果。

两次来大岛，相隔不到 10 天。第一次来，迷上了火山和熔岩的神奇，时间不够有所遗憾，在返回檀香山的一周后，再度重返。

第一次是中美友协的接待家庭带我们去。七旬的陈先生和郑先生，轮流为我们开车。他们十年如一日地，在每年春季，带帕文记者来大岛，走同样的线路，吃在同家餐厅，为记者们在相同的景点拍合影。

华裔美国人的传统和仪式感如此之强，超出我此前的预想。想到若在国内，七旬的老爷爷应该是由我们来照顾和服侍、走三步歇两步的角色，相比之下，陈郑二老却在兴致勃勃地给我们当导游。

美国军医玛格丽特女士带队，我们有幸入住火山国家公园内的军用小别墅。夜里穿了最保暖的厚衣厚帽，出发观看火山喷发。没有想象中冷，漆黑的夜里，火山熔浆岩湖反射成的红色火光，在夜里涌动喷薄。有牵手的情侣，有蹒跚的老人，有蹦跳的小孩子，还有只穿着短袖短袖轮廓的火力少年。眺望远处那团火红辉光，亲眼目睹了自 1924 年以来持续不断的火山喷发，如同地球之口闪烁着光芒。

大鸟的余晖：落日

在夏威夷传说中，这里是火山女神佩莱的故乡。佩莱吞噬土地又重塑土地，是一半海水、一半火焰的火山女神。"不要试图拿走她威力下哪怕一克半撮火山灰，你会因此生病的"，从草裙舞老师玛丽那听来的告诫，在玛格丽特这里得到了印证。

第二天上午，去博物馆参观，看火山口喷烟袅袅。自1983年以来，基拉韦厄火山东裂谷区持续喷发，为岛民和游客提供了欣赏地球上最壮丽的表演。2008年，哈勒玛乌玛乌火山口发生新一轮喷发。巨大的蒸汽引起爆炸，佩莱的长发（火山玻璃流）散落。爆炸后如同被撞击陨石坑般的火山口扩大。

如今，熔岩湖每天约有三千吨的火山灰喷涌而出，烟柱直冲天空。大岛的地形在不断重塑，佩莱随时可能发威：1988年，熔岩堵住了去普纳的沿海公路，1990年，熔岩淹没了卡拉帕纳村，1994年，吞没了海滩，稍后淹没了神庙。最近一次，是在2014年11月。人们无法预测，熔岩下一步将如何流动。

用整个白天在国家公园徒步，用双脚感受持续7000万年的火山活动、地壳移动以及独有的生态演化，从一片荒芜进化成复杂的生态系统。沿火山口环线公路，途经沙漠、热带雨林等不同景观的地貌。

从木板栈道走进硫磺山，观赏由火山气体结晶形成的硫磺及其他矿物质；葱郁的热带雨林里，硕大的蕨类植物疯长，遮天蔽日，走在500年前熔岩穿流而过的火山熔洞，在凉爽中想象热流；沿

"毁灭"小道，探索熔岩喷泉，火山灰烬覆盖的"毁灭"之地，白色树干犹如枯骨，红色苔藓倔强生长着。

从雨林开始一路向下走，来到已干涸的岩浆湖。小基拉维厄喷发形成百米深的火山熔岩湖，表面已硬化，但依然可见从湖中冒出袅袅蒸气。公园内不时出现高密度的二氧化硫有毒气体，和火山烟雾。闻到硫磺味时，我们迅速回到车内，尽快离开烟雾浓密的地方。最后，在黑沙滩看海龟晒太阳。滚烫火山熔岩流入冰凉的海水中，受浪潮推挤，冲击岩石和暗礁，形成特殊的火山景观黑沙滩。

一周以后，第二趟来大岛。想要弥补上次没能到看熔岩入海景观的遗憾。乘游船或直升飞机，看熔浆入海，将是何等霸气啊。若时机幸运，可看到流动的熔岩延伸到大海，入海后升起巨大烟雾。当然，熔岩入海是极危险的，海水和一千多度的熔岩相遇，将滚烫的水汽喷入空中几十米，空气中充满硅酸盐颗粒，火红的熔岩块飞溅……

所有提供乘船游的公司都会叮嘱游客，至少与岸边保持五百米的距离。给游船公司打电话咨询，被告知由于近期没有熔岩入海，因此也没有游船可乘。只能遗憾地脑补一下，夜幕降临前在海边的熔岩漫步。其实在四五年前，开车到火山之路的尽头，还可看到远处山坡熔浆入海，形成水蒸汽团。到达岸边后，脚下是流淌着的岩浆流。

▲ 火山喷发，by Shelwin

▲ 凝固的火山熔岩

一半海水，一半火焰

第二次进入火山国家公园，驱车沿长达 30 公里的火山口路开向海边。沿途风光无限壮丽，从基拉韦厄火山之巅蜿蜒至海岸线，火山口、原始人石刻、悬崖，俯冲下山，海拔变化 1128 千米，一弯弯转山，壮美得令人尖叫。

奇特的熔岩树林，是 3000 多年前熔岩流经桃金娘花树后，留下的枯树黑熔岩外壳。如今这些布满苔藓的枯树交错分布，像是恐龙骨骼。最东端普那，熔岩覆盖的悬崖形成了无与伦比的高位，把天空、大海和熔岩结成一线。时间似乎静止不前，哪里是海，哪里又是天。

在烈日下漫步在周围全是黑色熔岩流的世界里，游客罕见地少，仿佛整个世界只有我们，海洋拱门白浪翻涌击岸，蓝色墨向无穷，黑熔岩深邃反光，蓝海与熔岩的断裂缝隙间，蹦跳着一个我。

原来，鲨鱼也不等于凶残，火山并不代表毁灭。

夏威夷的盾状火山没有爆炸性气体，类似炸弹爆炸和熔岩喷泉的活动不常发生，熔岩只是渗出并蜿蜒流向大海，经历熔岩喷发期、漫流期和喷气期，基本上不会有人员伤亡，但会造成农田村庄的损坏和财产损失。

冒纳罗亚（Mauna Loa）意为"长山"。是夏威夷海岛上仍在活跃着的盾状火山，它是世界最大孤立山体之一，海拔 4169 米。"长山"坡度小，冬季顶部常为冰雪覆盖。冒纳罗亚喷发了至少 70

万年，海岛下的热点喷发岩浆形成了夏威夷岛链。随着太平洋板块的缓慢漂泊，冒纳罗亚火山最终被带离热点，并将在50到100万年后停止喷发。

盾状火山具有宽广缓和的斜坡，底部宽大如盾牌，通常由玄武岩岩浆构成，流动性高，黏滞性较低，爆裂较少。多发生于海洋中，夏威夷群岛的每个岛屿，都是一座盾状火山。位于非洲大裂谷的尔塔阿雷火山也是盾状火山，其火山口同样拥有长期活动的熔岩湖。

原来，盾状火山在太阳系其他行星和卫星也可发现，火星上的奥林帕斯山是太阳系中已知最高的山。相比之下，层状火山外观多为优美、对称的锥形，外形优美对称，多为观光胜地。如日本富士山、摧毁庞贝古城的意大利维苏威火山等。

▲ 大岛海之涯拱门

▲ 岩浆入海，by Shelwin

08

魔幻火山银河

夜行在瓦胡岛最西端的 Kaena 角，没有路灯，白天里的石子路，在夜里行走要更加小心翼翼。这里是瓦胡岛最静谧之地，一辆房车就停在山坡海崖上，每天晚上枕着海浪，仰望星空入眠。这是我们第一次幸运拍到满天星空，但却看不出银河。

后来又去过玛卡普海滩拍地标性的灯塔与北极星，去北岸的日落沙滩拍出创意的，整个沙滩属于你的辽阔私密。但檀香山的夜，对于看银河来说，还是太繁华。

到了大岛，必须要做的就是到休眠火山冒纳凯阿山顶看银河！夏威夷独有的最佳银河观测点冒纳凯阿山顶，既是夏威夷传统精神生活中最神圣的地方之一，也是现代天文学界的圣地。山顶位于在 40% 的大气和 90% 的水蒸气之上，每年有 300 个晴朗的夜晚；北纬 20 度的低纬度，几乎可以看尽南北半球的天空。大岛人口的低密度只产生微乎其微的人造污染源。

▲ 银河和火山，by Shelwin

　　不仅如此，冒纳凯阿其实还是世界大洋中最高的火山，如果从海底的山麓算起，可称得上是世界最高的火山，是一个巨大的盾型火山，缺乏如富士山等经典火山锥的宏伟曲线，更像是天空中的一堵巨墙。它最后一次喷发是在 4600 年前。冒纳凯阿意为"白色山峰"，因其顶部常年积雪而得名。

　　如果从海底算起，它高达 10200 米，但有 5995 米在地下，海平面以上海拔为 4205 米。珠穆朗玛峰的海平面高度为 8848 米。

若问地球上从海底算起的最高峰是哪座，那珠峰只能排第三，前两名分别是冒纳凯阿和阿拉斯加的 Mckinley 山。

　　冒纳凯阿山顶被公认为全世界最佳的天文台台址，已有来自 11 个国家的天文学家，监测 13 个天文望远镜，收集光的总能力是哈勃天文望远镜的 60 倍。在建的 30 米望远镜，建成后将是世界上最大最精确的望远镜，其集光面积是目前光学望远镜的 9 倍。天文学家可看到 130 亿光年远，以及"在可观察到宇宙的边缘，在时间开始之初形成的星系"。

但目前这个投资 14 亿美金的项目因多方反对声音而被搁浅。反对建造巨型望远镜的抗议呼声，引发了人们关于尊重土著文化和科学进步意义的讨论。夏威夷土著认为，冒纳凯阿是夏威夷岛屿的起源和圣地。"我们不是反对科学和望远镜本身，而是反对选址"，抗议者说。环保人士担心建设会造成生态破坏，尤其是破坏其含水层。不少天文科学家也表示认同。美加州大学圣地亚哥分校天文物理副教授亚当·波尔加斯认为，"但即使可以从中获得巨大科研收益，也不能说我们对这座山有权利"。

关于是否该在冒纳凯阿山顶建巨型天文望远镜的争论还在继续，曾经有一段时间，大岛原住民还曾在通往山顶的路上设卡，宣示他们对神山的保护。好在过了那一阵舆论热点，今年以来游客又可以上山顶去看银河了。

第一次，是我差点被同事当成神经病。去大岛的时间特别不巧，几乎赶在月圆之前，月明星稀，却是没有银河可看的。但我不罢休，向摄影师朋友请教攻略。果然，每次都带团上山顶拍银河的摄影师 S 告诉我说，11：50 银河从地平线升起，但是要等到三点月亮下山。我招呼大家半夜两点起床，开车上山。但同事基本没有兴致，也没有毅力。我又不能一人独自开车上山，但这种疯狂的举动，的确是需要想法一致的"神经病"一起做才有趣，大家谁也不嘲笑谁地一起疯。

正当我心中暗自忧伤，心中怨念睡觉哪里不能睡嘛，并开始计划下一次再来时，邢老师在犹豫后终于告诉我："我带你去！"

半夜两点起床，我们带了最厚的衣服，在黑夜里开车上冒纳凯阿山顶，一小时的车程，月圆变换着色彩，从皎洁的小白，到鸭蛋黄的大橙，最终在我们快开上山顶时，于迷蒙的山雾下，一轮烧着似的橘色月亮，一口气，消失沉入山下。

除了我们，还有两车日本游客，"看来我们和日本人一样拼！"

月亮下山，我第一次看到银河！满天的星星在眨眼，银河如一道弯钩。下车，几近零度的温度让我打了几个寒颤，但星空之下，我还是兴奋地要掉下眼泪。

手机里反复播放陈慧娴的《千千阙歌》："来日纵是千千阙歌，飘于远方我路上，来日纵是千千晚星，亮过今晚月亮，都比不起这宵美丽，亦绝不可使我更欣赏……"

邢老师不怕冷，在外调试相机，我冻得不敢打开车门。他调好光圈快门，喊我跑出来拍张照，一张虚了，再试一次，偶尔人会灵魂出窍，出现重影。但春季拍不到银河和火山一起，银河的方向在火山的对面。十秒的曝光，肉眼看不到的流星，会发现，它曾在照片里划过，定格。

第二次来时，我和扬一路疯癫地开车上山，把四轮驱动的SUV换成吉普，连车窗开关都找不到的生手，傻大胆地开车再上山顶。这次，只有我们一辆车，两个女生。"全世界爱玩会玩的疯子都上哪里去了？"

这或许是我迄今做过得最"疯狂"的事。

山顶过夜，吉普再宽大，也抵不过一晚上车内密闭的闭塞。横趄竖趄，怎么都难受，以为不过是飞机夜行时的商务舱，但却低估了山顶的高海拔。眼皮打架，浑身发紧，我窸窸窣窣一层棉衣一层毛毯地盖衣服，车内空调一开，车灯也亮，又一次重新入睡。空调的暖气味让人呼吸不畅，突然，扬说胃里难受，两三秒后就推开车门，跑出去要吐。

待我系上鞋带裹上毛毯推开车门，扬已经在外面蹲着吐了一地。或许是高反，或许是气闷，反胃，我也难受，头痛心悸。她倒吐完好好一人，说顺畅多了。我们互相安慰着，说为了看最美的日出，但只要睁开眼，满天繁星就在车窗外眨眼。如果哪里都是睡，那这一晚不睡，又何妨？睁眼看星空的夜晚，又有几多？从环状星云，到仙女座星系，银河星团让我眼花，让我缭乱。

一起受罪，一起疯狂。定好了凌晨 4 点半的闹钟，我们从游客中心朝山顶天文台进发，石子路颠簸摇震，摇得我更头晕眼花。努力往窗外看天际线的变化，以日出前的微光熙朦，分散注意力。光线的层次和植物的层次，柔和中孕育着一种强有力的喷薄欲出。

13 个白色的天文台就在眼前，一种来到异域的灵异幻境。在山顶，几辆来自不同国家的越野、吉普车里，走出身披棉被的早起看日出爱好者。气温似乎已经降到零度以下。我轻薄的羽绒服，在刺骨寒风中，似一层薄纸。火山灰表面，有一层薄冰。

太阳从山下升起来了，山脊轮廓浮现了，天空出现最柔和的颜色。云层下端开始发光，夜空呈现出银灰色和粉色的条纹。仿佛看到整个世界复苏的过程。

美景背后的艰辛和缺氧缺觉，在奇绝的日出面前，只觉得太阳穴突突跳，心脏怦怦跳。只有亲身经历了这段路，才知晓镜头里的一草一木，一路一弯。下山路上，我还是不顾一切地吐了。

但尝试，这是一种我目前为止一直向往、追求并为之快乐的生活方式。

09

彩虹与雾霾

夏威夷的清晨、午后、傍晚，一天里的任何时候，邂逅天际彩虹，如太阳照常升起般寻常。遇见了，就多看几眼，三五分钟的凝视，提醒我，生活在天堂。

初见时，总是兴奋的，这也是判断一个人是否初来乍到的最简标准。想要记录下每次看到的彩虹，挺没出息地见了就拍。相机里存了数不清的山谷彩虹桥，是我同它生命中不同时段的遇见。

那次在公车里，望见两道完整的彩虹横挂天边，我透过窗户，捕捉这瞬间。夏威夷本地人习以为常，没人拿手机拍照。我中途按铃下车，为了看一眼它的完整。

还好没有错过。虹的外围，渐渐泛起一圈霓，我仔细分辨那外围的朦胧，它和虹顺序相反，从内而外红橙黄绿蓝靛紫……深深被眼前仙境吸引，呆呆望向天边瑰丽，忘掉天地，仿佛也想不起自己。

小时候，没怎么见过彩虹，记忆里，看彩虹需要十足的运气，阳光和雨水同时同地完美配合，就像我来了，你在那，一分一秒不差的，刚刚好。

阳光射到空中的小水滴，光经过两次折射一次反射，出现虹，光经过两次折射两次反射，出现霓。据说霓一定跟随虹存在，只是因为太过朦胧，不容易被察觉而已。

匆匆那年，他当着好多同学的面大声唱羽泉的《彩虹》给我听，一脸认真陶醉，不听不行声声入耳："我的世界从此以后多了一个你，有时天晴有时雨，阴天时候，我会告诉你，我爱你，胜过彩虹的美丽……"旋律飘在记忆深处，十六七岁的花季雨季，他送我《流星花园》影碟，我不敢接受，约我去看流星雨，我也没有去。

"如果明天你的心，依然还在流浪，我愿意承受这份爱，陪着你打造一片天地……"如果，没有如果，心依然在流浪。喜爱缤纷，梦想斑斓，但一去不再的不顾一切，稍纵即逝。

环岛，随处偶遇这流动的彩虹盛宴。各种角度观察彩虹的不同身姿。看到了，就是让全天心情美好的起点，忙于他事，没发现也没关系，它会兀自美丽几秒，轻散隐去，又在下一场雨后，出现在山谷的同一位置，等你抬头发现。东边日出西边雨，彩虹雨与此同款。当彩虹挂在东边，你还在沐浴骄阳，当彩虹出现西边，准备好迎接一场太阳雨吧。

Somewhere over the rainbow, and the dreams that you dare to dream really do come true.

"看！彩虹！"从 4500 米的高空跳伞，运气爆棚，邂逅了云层里的七彩斑斓，我闭上眼睛，在彩虹桥上许下心愿。那彩虹，就在我的掌心里。

中国神话中，虹，是龙的一种。女娲炼五色石补天，彩虹即五色石发出的彩光。藏传佛教中的"虹化"，与密宗修行有关。极少数有大圆满修行境界的人，临终时身体化成一道彩虹消失在空中。

彩虹桥，连接着世界的此端和彼岸。没有起点，也没有终点，彩虹的圆心就是太阳与地球的垂直连线的中点。据《圣经》记载，上帝耶和华让诺亚建造方舟，在《创世纪》中晓谕诺亚说：我使云彩盖地时，必有虹现云中，水就再不泛滥，毁坏一切有血肉之物。这就是我与地上一切有血肉之物立约的记号。

夏威夷四季如夏，彩虹伴我朝朝暮暮，瑰丽如梦，而我终究要回到现实。终将离别的忧伤，这一切不属于我的过客感。

《彩虹天堂》唱得忧伤，找不到方向向往彩虹天堂，有你说的爱在用幸福触摸忧伤。而周杰伦似乎早有预见，在《彩虹》里唱：有没有口罩一个给我，释怀说了太多就成真不了。

花非花，雾非雾，我的幸福不属于夏威夷，回到帝都吸雾霾的宿命，让我看不清的现实。眼前的黑不是黑，你说的白是什么白……我望向你的脸，却只能看见一片虚无，是不是上帝在我眼前遮住了帘，忘了掀开。

寻寻觅觅，雾里看花。我问自己，你是愿意一个人看彩虹，还是愿意两个人吸雾霾。当然，这个句子或许在有限条件下，重新排列组合：两个人看彩虹，一个人吸雾霾。前者可遇而不可求，后者似乎悲催认命，如果不认命呢？那就一个人自由流浪吧，别在美景前哭孤单。或是像生活在帝都里的情侣一样，戴着口罩亲吻？

雾失楼台，桃源望断无寻处。等风来才有蓝天，等你从迷蒙中出现。雾霾散，彩虹现的未来，希望不遥远。类烟飞稍重，方雨散还轻。

刚从夏威夷回北京的第一周，2016 年 5 月 23 日傍晚，北京人民看到了罕见的太阳雨和双彩虹。西边日落东边雨，晚霞满天，东方天空同时出现两道完整的彩虹。朋友圈里景山公园拍出西边晚霞东边彩虹的全景，皇城的浩荡壮美，分分钟秒杀缺少地标的檀岛。

离开的喜悦和幻觉，回到帝都，依然有梦幻般的彩虹，把自己的小家布置得温馨，开一扇朝向花海的窗，一切从新开始。

后　记

帕文夫人的晚宴

"喔，你们是帕文学者"，提起帕文，东西方中心的学者、夏威夷的中美友好人士都不陌生。这是一个至今已延续了35年的新闻记者奖学金项目，资助方是美方的帕文夫妇。

早听说帕文夫人是位优雅又具有远见卓识的女士，项目主任、夏威夷大学传播学院 Kato 教授多次表示，"帕文先生去世后，我们本没有奢望帕文夫人会继续这项资助，但她慷慨而坚定地决定继续这个项目。如果有一天他们的基金会真的钱不多了，我们决定哪怕名额缩减到只有两个人，也要继续开展下去。"

和帕文夫人谋面，是整个项目的最后一站。夏威夷大学和东西方中心为我们办研修证书晚宴后的第二天，我们告别夏威夷，飞抵洛杉矶，专程拜见传说中的帕文夫人。她贴心地让司机查尔斯开车带我们逛这座"天使之城"，五月之春，紫色的 Jacaranda 蓝花楹

▲ 帕文夫人的晚宴，左二为 Kato 教授，右四为帕文夫人

一树树，整条街区地茂盛繁花。帕文夫人的晚宴，就设在她家里。比弗利山庄是洛杉矶的富人和名人居住区，豪华昂贵的别墅群，认真修剪灌溉的芳草地，邻里都是好莱坞名人。

一位银色长发的女士笑意盈盈地走出门，我猜这就是帕文夫人了，走上前去和她握手拥抱，做自我介绍。那双晶莹的慈眉善目，完全不像年近八旬的精神矍铄。她一下子就将我的背景资料从脑海中搜索出来，"大家快来认识下 Rainey，她是新华社派驻朝鲜的记者"。幸好早有准备，我将一本图文集《朝鲜印象》送给她做见面礼，她更是欣喜如小姑娘一般，兴奋地告诉她儿子史丹利说，"看，这是 Rainey 出的书！"

帕文夫人的家，就如一个迷你的博物馆，名家画作、各国雕塑等艺术珍品，落日时分屋外山景树影婆娑摇曳，屋内光线柔暖，我们举杯聊叙。

传说中一个月以前就开吃筹备的晚宴开始，帕文夫人的私家大厨，为我们现场制作一道道精美的菜品，家里的两只大狗见了我一点也不认生，偎在我椅边讨宠。

在餐桌上，我逐渐从史丹利那里了解到帕文家族和帕文基金会的历史。最有趣的莫过于"帕文"这一姓氏的来历。有来自伊朗的朋友说这是波斯名，你们和伊朗有什么渊源吗？史丹利和帕文夫人哈哈大笑，"这是一个乌克兰长名字的缩写哈"。原来，帕文先生早年从乌克兰来到美国，海关看到一长串不会读的乌克兰语姓名，直接自作主张留头保尾地压缩成了 Parvin。

"帕文先生有着俄罗斯、犹太、乌克兰血统，帕文夫人又是芬兰后裔，是什么渊源和契机，让他们决定开展中美记者交流项目呢？"

"那时候，尼克松总统已经访问过中国。中美已经向彼此开放。还有比新闻更好的方式，可以让你了解一个邻居吗？媒体报道会影响每一个人。"帕文夫人说。

早在上世纪 80 年代初，夏威夷大学新闻学院院长约翰·卢特尔就给慈善家阿伯特·帕文写信，表示希望开展一项有深远影响的领航项目。为中国年轻记者提供培训深造的机会，和帕文先生希望促进国际合作交流的帕文基金初衷一致。35 届的 270 多名中国记者中，很多已经走上领导岗位。第一届帕文学者朱灵现任《中国日报》总编辑。第七届帕文学者周树春，现任新华社副社长。

帕文夫人说，最乐于看到你们"为中国带来的变化，以及从你们身上看到中国发生的变化"。她回忆说，1984 年第一次去中国时，三周里他们到了北京、上海、西安和桂林。那个年代，每个人都穿毛泽东似的服装。"记得那时候，可口可乐还是个幻想"。

1994 年，帕文先生因病去世。但帕文夫人决定一如既往地继续这项事业。她随后有四次来到中国，最近一次是在 2010 年 12 月，她 73 岁生日，帕文学者聚在中国为她庆祝生日。时任新华社副社长周锡生会见了帕文夫人。

席间，我同史丹利聊天时了解到，埃尔伯特·帕文基金会 1960 年成立以后，赞助了几个大的国际教育交流项目，但帕文中国记者新闻奖学金项目，是走得最远、影响最大的。帕文先生生前还向加州大学洛杉矶分校捐款 100 万美元，作为种子基金，建立了一座生化楼。在那里，生化学院院长保罗·波尔于 1997 年获得诺贝尔化学奖。

"听到这个消息后，好像我自己也得了诺贝尔奖，"帕文夫人说。"就是这些小小的礼物，给世界送去了喜悦的浪花。"

帕文夫人最高兴听我们每一个人的感言。我简单用三句话概括了访学期间的最大收获：一、有很多个第一次。第一次跳伞、第一次潜水、第一次冲浪、第一次看到银河……二、多元文化和

▲ 我和帕文夫人

Aloha 精神；三、开拓新的学术领域。

我没有过多地提及在朝鲜的经历，但帕文夫人向大家介绍我时，依然为我做了"贴标签"的强力推介，"Rainey 在朝鲜做过记者，你们可以和她多聊聊。"

既然如此，我点头继续抒胸臆：感谢帕文夫人的远见卓识，你们看到了中国过去三十多年的巨大变化，对中国记者和新闻业的支持，毫无疑问地加强了中美友好。而朝鲜，我相信在不远的未来，也会发生积极的变化。其中太多的隔阂、互相猜疑和误读，作为到过朝鲜也来过美国的新闻人，我希望可以在今后的工作中做出更多有意义的报道。

语末，多名帕文夫人的好友点头称赞，"你年纪轻轻就有了如此骄人的成就，相信你一定会有作为的"（英文原话翻译过来的，看来长辈鼓励晚辈的话哪里都一样哈）。

夜已深，同帕文夫人的初见，就要说再见。我们祝福她健康幸福，告诉她，"从此我们都有了一个共同的名字，叫帕文学者"。

图书在版编目（CIP）数据

我的夏威夷：当东方遇上西方 / 杜白羽著 . — 北京 : 新华出版社 , 2017.4

ISBN 978-7-5166-3159-1

Ⅰ . ①我… Ⅱ . ①杜… Ⅲ . ①夏威夷 – 概况 Ⅳ . ① K971.2

中国版本图书馆 CIP 数据核字 (2017) 第 066417 号

我的夏威夷：当东方遇上西方

作　　者：杜白羽

选题策划：江文军

责任编辑：江文军　　　　　　　　封面设计：今亮后声 HOPESOUND panikouzyugu@163.com

责任印制：廖成华　　　　　　　　责任校对：刘保利

出版发行：新华出版社

地　　址：北京石景山区京原路 8 号　　　　　邮　　编：100040

网　　址：http://www.xinhuapub.com

经　　销：新华书店、新华出版社天猫旗舰店、京东旗舰店及各大网店

购书热线：010-63077122　　　　　　中国新闻书店购书热线：010-63072012

照　　排：今亮后声 HOPESOUND panikouzyugu@163.com

印　　刷：北京凯达印务有限公司

成品尺寸：145mm×210mm　　　　　　字　　数：200 千字

印　　张：10

版　　次：2017 年 5 月第一版　　　　　印　　次：2017 年 5 月第一次印刷

书　　号：ISBN 978-7-5166-3159-1　　　定　　价：49.80 元